王石

哪怕一无所有
也要永不止步

龙隐 著

EEP MOVING

文汇出版社

图书在版编目（CIP）数据

王石：哪怕一无所有，也要永不止步 / 龙隐著. —上海：文汇出版社，2014.9
ISBN 978-7-5496-1247-5

Ⅰ.①王… Ⅱ.①龙… Ⅲ.①王石-人物研究 ②房地产企业-企业管理-经验-中国 Ⅳ.①K825.38 ②F299.233.3

中国版本图书馆CIP数据核字（2014）第188100号

王石：哪怕一无所有，也要永不止步

出 版 人 / 桂国强
作 　 者 / 龙　隐
责任编辑 / 戴　铮
封面装帧 / 嫁衣工舍
出版发行 / 文汇出版社
　　　　　上海市威海路755号
　　　　　（邮政编码200041）
经 　 销 / 全国新华书店
印刷装订 / 三河市京兰印务有限公司
版 　 次 / 2014年10月第1版
印 　 次 / 2019年 8月第2次印刷
开 　 本 / 710×1000　1/16
字 　 数 / 188千字
印 　 张 / 15

ISBN 978-7-5496-1247-5
定　价：32.80元

王石 | **中国企业家群体中阳光式的领袖人物。**
他同万科的职业经理人团队共同引领万科,用30年的时间创造了一系列奇迹。

- 在30年来企业经历的风风雨雨中,他如何带领万科经历时光考验,锐意成长?
- 在多元化和专业化争论不休的业界,他怎样做出抉择,并以专业能力从市场获得公平回报?
- 在市场经济起步之初,他又怎样拒绝利益诱惑,坚持职业化底线,带领公司建立了透明完备的管理体制及职业经理人团队?
- 在新经济的不断冲击和房地产市场迅猛增长的年代,万科又如何面对新的挑战,坚守自己的原则?

对于那些正在创办企业和追求生活梦想的人,
这不只是一个人的自传或是一个企业的成长历程。

超越企业和企业家故事的商业史传,
展现了一个波澜壮阔的经济大时代的缩影。

▶ 二十几岁,
我们对未来忐忑不安,却忘了确定方向更加重要。

▶ 三十几岁,
我们拼命前进,却找不到人生的绿洲。

我们在压力面前束手无策,
总是忽略推动我们前进的原动力。

忘了梦想? 生活只剩绝望?
对自己诚实吧,哪怕一无所有也要永不止步!
收获就藏在不远处。

序言

王石，1984年创立了万科并任总经理，1988年，王石出任万科董事长兼总经理，并带领万科进军房地产行业，随后便带领万科写下了一个又一个业界神话。万科不仅率先成为了全国"第一个年销售额超千亿的房地产公司"，而且万科研发的"情景花园洋房"是中国住宅行业第一个专利产品和第一项发明专利。由于业绩突出，影响广大，万科还被华尔街日报评为"中国十大最受尊敬企业"。

万科的一系列殊荣也让王石受到了更多的注目。中国企业家群体中阳光式的领袖人物、地产预言家、中国地产"教父""中国第一职业经理人"……诸多的称谓给王石蒙上了一层神秘的色彩。其实，王石也是一个普通人，和诸多成功之士相比，王石起步时可谓是一无所有。1968年，17岁的王石开始了参军生涯，虽然他的父亲是当时柳州铁路局的副局长，但王石并没有因此而受到特殊的照顾，并且主动放弃了当时的"铁饭碗"工作，只身南下奔赴深圳，开始了为自己赚取创业第一桶金的拼搏生涯。

家里没有给王石提供更多的资助，王石来到深圳的第一份工作就是倒卖饲料，待资金充足之后，王石的创业之路便正式开启。"深圳现代科教仪器展销中心"，这家公司就是万科的前身，从事的工作也与房地产没有任何关联，主要经营从日本进口的先进电器设备。出入社会的王石也不知道创业的方向应该是什么，能做什么，王石都做了，不仅卖电器，也卖服装，甚至还卖过饮料，搞过印刷……基本上，只要是不违法的买卖，王石都干尽了。虽然当时的王石小有名气，但和当时的商界大亨以及自己的创业梦想相比，王石拥有的还是太少太少，唯有不懈拼搏才能让创下的基业继续走向未来。

选择房地产是一种直觉，但让万科成中国住宅企业的龙头却是一番实干的结果。万科率先在住宅领域提出了"物业管理"的概念，这与王石的企业经营理念有着重要的关系。一个理念能否被很好地执行，取决于能否被大多数人认可，"以人为本"的理念不仅是万科要传递给客户的，更是在万科内部广为认同的。也正因为这种理念的存在，让王石的拼搏如虎添翼，更是让万科的腾飞添油加力。

2007年，万科集团更换LOGO标志。其原有的标志语"建筑无限生活"被换成了"让建筑赞美生命"。至此，万科不再是一个盖楼者，而是住宅理念的倡导者。这种软力量使得万科如鹤立鸡群般在房地产行业中占到了房地产企业难以企及的高度，也让王石的创业和经管理念引起了更多人的兴趣。

王石是如何让万科在一无所有的基础上牛气起来的？万科为什么能在王石的带领下发展得如此成功？王石的创业经营史究竟给我们以什么样的启示？本书将立足王石的经典讲话予以深度剖析。

第一章
特立独行的优秀：让建筑赞美生命

特立独行的万科，无与伦比的优秀。成就万科的或许不仅是专一，还有敢于超越的理念。

- ◎ 只做地产：减法让专业更专业　　　　　　003
- ◎ 向自己的巅峰发起挑战　　　　　　　　　007
- ◎ 不喜欢也不要轻易放弃　　　　　　　　　011
- ◎ 站在特别的高度观察世界　　　　　　　　015
- ◎ 尊重自己的选择　　　　　　　　　　　　019

第二章
领跑者思维：坚持！全力拼了！

万科只做领跑者，如果还做不到，那就拼命做到。

- ◎ 熬：哪怕坚守底线，也能成就伟大　　　　025
- ◎ 关键时刻，要果断决策　　　　　　　　　029

◎ 充满激情的人才能找到目标　　　　　　　　033
◎ 按规律奋斗：一厢情愿的努力是徒劳的　　　037

第三章

打造金牌团队：有人才，就有光明的未来

再牛气的万科也是人造的，有人才，再造一个万科也不是梦话。

◎ 万科因人才而牛气　　　　　　　　　　　　043
◎ 每一个成员都值得呵护　　　　　　　　　　047
◎ 为所有成员创造健康丰盛的人生　　　　　　051
◎ 股权激励：向最牛的员工倾斜奖励　　　　　055
◎ 大胆放权：信任是最好的尊敬　　　　　　　059
◎ 墙脚挖不倒，企业才是真的好　　　　　　　063

第四章

要么主动与别人竞争，要么被别人逼着竞争

竞争这东西不是你情我愿的事情，要么去逼死别人，要么被别人逼死。

◎ 成本控制：下不来的成本，上不去的竞争　　069

◎ 提高竞争潜能：向一切优秀者学习　　　　　073
◎ 万科原则：优胜劣汰，能上能下　　　　　　077
◎ 竞争的视界：今天的最规范，明天的最优秀　081

第五章

没有过硬的质量，拿什么资本血拼

质量要是掺了水，烧钱都会变得毫无意义。

◎ 万科的质量就是万科的生命　　　　　　　　087
◎ 把优质变成一种共识　　　　　　　　　　　091
◎ 为质量找借口就是在自寻谴责　　　　　　　095

第六章

谨慎前行：放慢脚步是为了更远地走路

短期竞争那就跑快一点儿，但做好万科不是一个短期的事儿，所以还是走慢一点点，至少可以走得更远一些。

◎ 不疾而速：任何时候都不可头脑发热　　　　101
◎ 保持自律：头脑清醒才能明辨方向　　　　　105

◎用冷静换平衡　　　　　　　　　　　　　　　　109

◎暴利下的冷静：疾风骤雨，还是细水长流　　　113

第七章

没有客户就真的一无所有了

做好客户这一环的企业基本上没有不成功的，反之，基本上没有不倒闭的。

◎客户的小事都是天大的事　　　　　　　　　　119

◎超越期望：意料之外才有惊喜　　　　　　　　123

◎维系客户黏性：商道之上是诚信　　　　　　　127

第八章

在模仿中不断创新

模仿再改进是最好的创新，因为这种创新不容易成为空中楼阁。

◎创新哲学：丢掉过去才能誊手捡未来　　　　　133

◎拿来主义：勇敢拿，谨慎用　　　　　　　　　137

◎洋为中用：创新就是学习没有的　　　　　　　141

◎模仿好了再创新　　　　　　　　　　　　　　144

◎自我更新：押宝也许能让你先行一步　　　　　149
◎强调创新只会阻碍创新　　　　　　　　　　　153

第九章

放养式经营：让简约与人本相融合

如果管理企业的人还要花一大堆时间来研究管理条文，那么这个企业已经失去了管理的必要了。

◎放养的效果：有没有王石，万科都一样　　　　159
◎管理西化更符合实际　　　　　　　　　　　　　163
◎先进的制度：让能干变成一种现象　　　　　　　167
◎让复杂问题简单化，让简单问题更简单　　　　　171
◎不要追求绩效：绩效只是看起来公平而已　　　　175
◎接班人无法培养，也不需要培养　　　　　　　　179

第十章

一般企业输出产品，优秀企业输出文化

生产商品的是生产者，生产理念的是引领者。这是万科与众不同的地方，也是王石最厉害的地方。

◎ 文化输出是国际化的必备技能　　　　　　　　185

◎ 缺乏责任的拼搏是苍白的　　　　　　　　　189

◎ 绿色战略：万科人都有环保观　　　　　　　193

◎ 有所为，有所不为　　　　　　　　　　　　197

◎ 尊重世界是最好的金字招牌　　　　　　　　201

◎ 600亿的品牌：伟大源自日常的点点滴滴　　206

第十一章

坦诚道歉：让危机在摇篮里消失

没有一个企业能做到零错误。减少犯错非常重要，但相比之下，如何成功地化解已犯的错误就显得更为重要了。

◎ 捐款门：消除错误就得承担错误　　　　　　213

◎ 名誉危机：莫让坟头高过了道德　　　　　　216

◎ 道歉不需要条件　　　　　　　　　　　　　220

◎ 捐款一亿：及时弥补，错误是可以被原谅的　224

第一章
特立独行的优秀：让建筑赞美生命

特立独行的万科，无与伦比的优秀。成就万科的或许不仅是专一，还有敢于超越的理念。

哪怕一无所有也要永不止步，
让不可能成为可能！

只做地产：
减法让专业更专业

如果万科改变经营策略，我也要从棺材板里伸出手干涉！

现在，万科的住宅项目经营得都非常好，但是管理层一直担心万科是否能永远当房地产领域的行业排头兵，他们建议万科是不是应该在其他领域做一些资源储备。我只说："除非我不做万科的董事长，只要我在，你们就不要考虑做其他的行业。"到了2007年，这一点更加明确。万科只做住宅，不做其他！很多人认为住宅市场总有萎缩的一天。这是对的。不仅仅城市住宅会萎缩，总有一天地球上的人们都不再需要住宅！以前我说，除非我离开万科，你们可以做你们想做的事情。但是今天我要说，就是我离开万科，离开这个人世，如果万科改变经营策略，我也要从棺材板里伸出手干涉！

——摘自李野新、王盈《王石谈经营》，浙江人民出版社，2009年4月

延伸阅读

在进军房地产行业之后,万科就不断在做减法,经营策略逐渐转向,最终确立"只做房地产"的经营理念,走上了专业化道路。

1992年,万科提出以房地产为主业的概念,开始把所有的精力都转移到房地产行业上来。

1995年底,万科提出回师深圳,当时万科已经在13个城市有开发项目,而这次调整使万科项目仅仅分布于深圳、上海、天津和北京4个城市。

1996年,万科回师深圳后,开展了一系列的大动作,其中一项就是卖掉了几家虽然在赢利,但与房地产主业毫无关联的企业。

1997年,万科转让了扬声器厂。当时,这个厂生产的电话机喇叭占国内市场份额的40%,而且此时的扬声器厂不乏TCL、康佳这样的大客户。

这一时期,王石还有一个大动作,那就是转让了怡宝。1991年,万科买进怡宝51%的股份。此后仅3年时间,怡宝就已成为国内最大的蒸馏水生产厂。但是为了走专业化道路,王石最终卖掉了这个品牌。

2001年,万科转让了万佳百货72%的股份。

至此,万科已经彻底退出与房地产行业无关的领域,专业化调整全部完成。

在整个调整过程中,万科一直在做减法,不但在与房地产无关的产业上做减法,在房地产产业内部也做减法,那就是剔除房地产开发的多种经营模式,专业做住宅房产。1998年以后,万科把住宅以外的产品都放弃了,将经营力量集中在住宅开发上。同时,产业经营区域也更加明确,长三角、珠三角和京津地区是万科的主攻地。2004年,万科进一步实现了精细化、产业化和工业化。

之后，王石带领下的万科一直专注于住宅房产产业，没有一丝动摇。这是他一直坚持的原则，王石明确表示，只要自己在万科一天，万科就必须按照这个模式发展下去，甚至是他离开了人世，如果万科改变策略，他也会从棺材板里伸出手来干涉。

而今，事实证明，王石的选择是正确的，王石的坚持也是正确的。正是因为王石不断给万科做减法，万科才能成为中国最大的房地产企业。

Business Develop

在全球经济一体化的今天，所有企业都面临着高新技术、信息化、全球化的挑战。企业必须适应市场的变化、客户的变化，还有技术的变化来调整自己的战略。在竞争达到一定程度之后，多元化战略必然向核心经营战略转变，这是一个趋势。市场的竞争频次越来越快，市场留给企业调整的时间越来越少，快速摆脱过去的羁绊，才能更好、更快地开拓明天。

沃尔沃把轿车部分出售给福特，专做大型货车；IBM 把多年亏损的 PC 部门出售给联想，这些事例都证明了这个道理。在市场不断变化的过程中，对于企业而言，多元化的做法有时并不适合企业的发展。一个具有全球战略眼光的企业家，会对自己产品在全球的地位随时进行动态分析，然后确定自己的核心竞争力在哪儿，自己做什么产品，保持什么样的品牌战略，而不会盲目地进行多元化经营，相反，很多企业都在发展的道路上不断做减法，这也让企业不断焕发生机。

很多事例都告诉我们，盲目进行多元化扩张必将元气大伤。而要想让企业稳健的发展，只有走专业化道路。因为走多元化道路而折戟沉沙的史玉柱也反思说："中国民营企业面临最大的挑战不是发现机会的能力，而是领导者的知识面、团队的精力、企业的财力问题。现在各领域的竞争都呈现白热化，企业只有集中精力，形成核心竞争力才能立足，否则就会一夜间完蛋。"

中国有很多企业都尝试走多元化道路，然而真正能成功的没有几个。许多企业管理者认为，只有特殊的企业走多元化道路才能成功。如果说多元化是企业经营的特殊道路，只有特殊的企业走得了，那么对于一般的企业而言，多元化是否一定是一个不可触及的"魔域"？如果答案是肯定的，又如何解释国内、国际如此多的公司都正在从事多元化经营？

事实上，多元化与专业化根本不是一个"特殊企业"道路和"一般企业"道路的非此即彼的选择。多元化不是不可触摸的"魔域"，而是具有不同资源禀赋的企业在一定条件下可以选择的一条道路，甚至对于一些企业来说，是必须走的道路。如果一定要寻找多元化的"禁忌"，那么只存在以下三个方面的考虑，即：多元化要具有清晰的战略规划和目的，而不是凭感觉或者简单地根据经验来实施；多元化的业务应尽可能形成互补，以便能够分散风险；企业拥有稳定的现金流，以支持企业在多个领域内耕耘。

向自己的
巅峰发起挑战

万科的对手只有自己。

我们相信，从国际化的全新视角出发，以优秀的企业为标杆，审视自身存在的种种问题，能够使万科清楚地认识到，我们最大的对手不是别人，而是我们自己。我们只有超越今天的成功，才能拥有未来的辉煌。

——2004年万科集团20周年庆典王石发言

延伸阅读

"万科在国内没有竞争对手，今后很长一段时间内都是这样的。"王石曾经这样自信地说。这是不争的事实，现在的万科在国内的确很难找到对手，他们最大的对手是自己，王石一直如此强调。

为了战胜自己，万科一直在学习。开始时，万科学习索尼公司，不但学到了营销能力，还建立了物业管理的概念，这也是万科创建自己品牌迈出的重要一步。

2000年左右，王石一心想给万科找一个大股东。当时，王石锁定了两个目标，一个是新鸿基，一个是华润。新鸿基是一家香港地产企业，在香港地产界是当之无愧的领袖，但新鸿基对发展内地房地产非常谨慎。所以，最终万科选择了华润。

尽管选择了华润，但在之后的发展中为了完善自我，万科还是积极向新鸿基学习。此举的主要原因在于，新鸿基是香港乃至整个东南亚房地产企业的标杆。同时，新鸿基具有极强的风险控制能力和成本控制意识。最重要的是，新鸿基具有充分运用资本市场的金融杠杆应对风险的能力。

万科一刻都没有停止过前进的步伐，在从新鸿基那里学习到先进的生产管理经验之后，下一步是要成为国际化的万科。此时，王石意识到，要想打造万科的国际化形象，就不能再把新鸿基当作目标，于是万科开始学习帕尔迪。由新鸿基到帕尔迪，王石将万科带上了通往世界级房地产开发企业的道路。

万科就是这样的一个企业，它不断地成长，不断地学习，不断地战胜自我。正是因为如此，如今的万科在房地产市场一直保持着领跑者的姿态，产品不断创新，始终关注业主的体验，这是其他房地产企业无法超越的。正如王石认为的那样，万科在国内没有对手，它最大的敌人是自己。

Business Develop

"并购雅虎中国后，我们开始成为所有中国网络公司的竞争对手。"这是马云在阿里巴巴并购雅虎（中国）之后说的话。此次并购使阿里巴巴迅速提升了自身实力，成为中国最具竞争力的网络公司之一，但各路强手也随之而来。"我们惊动了全世界最强大的竞争对手 eBay，我们也碰上了世界上发展速度最快的公司Google，国内的互联网公司新浪、搜狐、网易、腾讯也全都把我们当成竞争对手。"但马云认为最大的威胁还是来自于自己。"没有公司会对阿里巴巴构成威胁，真正的威胁来自我们自己。"

面对自己带领阿里巴巴所取得的诸多成就和荣誉，马云没有志得意满，他很冷静。"对于阿里巴巴这么年轻，还处于创业阶段的公司来说，现在过多的荣誉是害处大于益处。"马云认为阿里巴巴还将面对许多隐患和风险，他要给自己泼一盆冷水，他担心的对手不是别人而是自己。

"我认为真正的竞争对手是自己，所以我们不去研究竞争对手。在一百米冲刺时，研究对手就是往后看。只有研究明天，研究自己，研究用户才是根本，才是往前看。"

作为一家成功企业的领袖人物，当各方对企业好评如潮的时候，马云看到的是危机。"阿里巴巴有没有危机？我觉得危机很大，要不我怎么可能这5年没重过一斤，而且现在越来越瘦。我以前也在想公司大点儿可能老板就轻松了，但我现在发觉越大越累，CEO天天想的就是危机在哪里。找出公司内部的问题是件好事，因为有些东西也许今天没用但是可能会成为'癌症'。作为CEO必须在公司内部不断关注癌症的'癌变'，这个很痛苦，你如果能够真的找得到'癌症'，你就是顶尖人物了。"

马云就是这样，在成功的时候只关注自己，研究自己的优势，也研究自己的不足。他带领企业不断战胜自我，这也是阿里巴巴成功的重要原因。

据此我们可以知道，对于企业发展来说，最大的挑战是挑战自己。对于企业管理者来说，不断挑战自我、战胜自我也是非常重要的素质。

企业管理者可以带领企业坚定地走自己的路，或许这种坚持能让企业顺利地发展，甚至走在行业的前列。但是，企业管理者还必须时时"提防"自己，找危机、找差距，不让最强大的对手把自己击败。

智慧的管理者明白商战之中不能只寻觅外围敌手，而忽视自己这个最大的敌人。很多企业管理者最终失败就是因为太大意，觉得经过数年艰辛努力终于可以享受一番，然而享受的时候就是"堕落"之时。贪图享乐会让危机接踵而来，享受即是毁灭的开始。想要变得富有，就要向时刻警醒，时刻用危机意识鞭策自己。同时，还要不断进步，不断战胜自己，不断实现自我超越。

不喜欢
也不要轻易放弃

> 人生苦短，所以不喜欢也不要轻易放弃。

万科本想做录像机，可是没许可证；我也想做保险、金融，但进不去。相当长时间内，我一点儿都不喜欢房地产，也不喜欢商人，但是形势逼人强，这个社会搞商业容易成功，搞房地产更容易成功。不喜欢是一回事，但这是你的职业，你得负责任。所以要认真研究，从城市发展史，从古埃及、古希腊、古罗马、古印度到古中国等这般考察下来，你会发现，房地产、城市规划与发展是最综合的一个体系，不仅牵扯到工程，还牵扯到美学、技术。我现在是很喜欢，但也是这四五年的事情。

如果当时我换了，就没有机会了，人生不可能折腾20年，人生苦短，所以不喜欢也不要轻易放弃。怎么办呢？你把它做好。我当过兵，当过铁路工人，当过国家干部，当过工程师，可以说都不喜欢。但是做任何事情都要认真做好，当真正选择喜欢的事业的时候，你会发现认认真真做好的不喜欢的东西，是人生很好的一段经历。我非常讲个性，在部队里很痛苦，但创业中很多性格就是在 5 年部队生涯中形成，比如讲组织纪律，讲团队精神，讲奉献。

——2013 年王石在中欧创业营课程上的演讲

延伸阅读

其实，连王石自己都没有想到自己会从事房地产这个行业，他也从来没有想到自己能把房地产事业做得风生水起。

1980 年，29 岁的王石参加招聘考试，进入广东外经委负责招商引资工作。"春秋两季跑广交会，整天高级宾馆进出，属于风头最劲的部门"，但王石放弃了，选择到深圳创业。

在深圳，王石开始了自己的创业。由于一切都是从头做起，王石不但要做货场搬运、饲料推销，还要兼任司机、出纳。也正是在这个时期，王石靠做中介商卖玉米赚了 300 万元，还被称为"饲料大王"。然而，由于后来市场的不景气，王石退出了这个行业。

1984 年对王石来说是意义非常重大的一年，在这一年他创办了深圳现代科教仪器展销中心，经营从日本进口的电器、仪器产品，同时还搞服装厂、手表厂、饮料厂、印刷厂等。此时的王石雄心勃勃，他最想做的就是录像机。然而，1985 年，国务院对计划外调汇和机电产品进口进行全面清理，银行收缩银根，进口电子器材、影视器材市场出现萎缩。尽管市场仍然显示着一定的利润空间，很多经营商还沉浸在供不应求的假象中，但王石已经感觉到了危机因而迅速退出。

从自己喜欢的录像机事业中脱身出来，王石一直在思考自己到底要干什么，自己到底喜欢什么。他想过做金融、做保险，这都是他喜欢干的事情，但是这些行业门槛高,进不去。而此时的房地产事业,随着改革开放的不断推进,表现出良好的发展势头,在这样的大环境下,做房地产是最容易成功的。虽然,王石十分不喜欢这个行业,但是在大好的形势下,他还是选择担任万科企业股份有限公司董事长兼总经理。王石有极高的企业家素养,他明白即使是自己不喜欢的事情也要认真干好,所以,他把全部的心力都投入到工作当中。正是王石这种认真的精神,使得万科蒸蒸日上。

创业者可以从王石身上学到一种创业态度,那就是,即使选择小事业,只要是自己喜欢的,也不要轻易放弃,要始终不渝地坚持做下去,只有具有这种做事的态度,成功才有可能拥抱自己。

Business Develop

对于很多创业者来说,一旦遇到自己喜欢做的事情,他们就会充满激情地把它做好,而对于那些自己不喜欢做的事情,他们就显得不太在乎。而事实是即使从事的不是自己喜欢的事业,也要认真把它做好,这样才能成为一个优秀的创业者。

做好自己不感兴趣的事情,是每个创业者的必修课,也是成功人士成功的秘诀,因为不是每个创业者都能根据兴趣选择事业,更多的时候要考虑市场的需求。美国管理学家韦特莱指出:成功者所从事的工作,是绝大多数人不愿意去做的。许多时候,他们成功只是因为他们做了其他人不以为然、不愿意做的事情而已。其实,创业者要从事的工作并不一定是十全十美的,也不一定都是自己喜欢的,更不一定都是专业对口的。此时,作为创业者要放平自己的心态,以认真负责的态度面对自己的事业,做到不抛弃、不放弃,把自己融入到不喜欢的事业中去,如此,才能最终打造一份属于自己的事业。

然而，并不是所有创业者都能够在自己不喜欢的事业上做出成就。因为，做自己不喜欢的事业，需要具备以下三个条件：

一是做自己不喜欢的事业需要勇气。选择一个自己不喜欢的事业去做，是需要很大的勇气的，它需要创业者勇于挑战，敢于担当。

二是做自己不喜欢的事业需要毅力。许多创业者在做事情的时候没有毅力，更不用说对于自己不喜欢的事业了。如指甲刀事业，因为利太小，项目周期太长，所以很多人不喜欢做。广东非常小器公司的董事长梁伯强先生也不喜欢做，但是他经过多年的专注和努力，把指甲钳做成了中国第一、世界第三的"巨无霸"，年销售额过亿。这是需要勇气和毅力的。

三是做自己不喜欢的事要有优势。创业者要善于分析并找出自己的优势，同时也要明确自己的劣势。在创业的时候要尽量发挥自己的优势，避开自己的劣势。

站在
特别的高度观察世界

> 我不是专业的摄影师,我只是对摄影有一种爱好罢了,我是业余的。

我在摄影方面有一些小小的成绩,主要是源于以下原因。第一,我要对自己有一个定位,我是高山摄影家,为什么这么说呢?我在珠峰上拍照片,在南极北极拍照片,而一般人到不了这么高,这就叫作比较优势。第二,我拍照片的时候,更多的是拿着相机啪啪啪去拍,就像打机关枪,然后再让专家在很多的照片里面去挑选,瞎猫也能碰上一只死老鼠。

在拍照片的时候,我更关注的是人性的一面。拍照片的时候,有没有好景,能不能拍到好景,这是两个不同的概念。对于很多摄影方面的专业知识我真的不懂,不是我谦虚,这是事实,因为我的身份是企业家。

——2011年王石登上西岳华山后记者问答

延伸阅读

2013年5月29日——6月1日，已举办8届的"中外摄影家大PK"活动在华山举行。此次活动由华山景区管委会、中国艺术研究院、《中国摄影家》杂志社主办，深圳企业家摄影协会承办。联合国教科文组织指定世界遗产图片社艺术总监、著名摄影家吉奥夫·斯蒂芬等3名国外摄影家参赛，万科企业股份有限公司董事会主席王石等3名国内摄影家迎战。

对于这次活动，王石流露出很浓的兴致，不过与其他选手不同的是，活动中王石除了偶尔用相机拍照外，多数时间仍拿着iPhone边走边拍。活动结束时，王石交上了一组质量上乘的照片，得到了评委的一致认可。

王石十分喜欢摄影，并且有经典的摄影之旅：世界七大洲最高峰之旅。王石为了完成这个摄影之旅，整整用了两年半的时间。在七大洲最高峰攀登途中，王石克服了难以想象的困难，并且在极度险恶的气候与地理环境中拍摄了大量照片，这些照片有关于登山过程纪实的，有关于各大峰自然风光的，也有关于各地人文景物的。王石所拍的照片，更多体现出的是他站在特别高度、从特定视角对镜头中世界的观察与思考。

众人对王石摄影作品是这样评价的：

"王石的高山摄影作品，有时气势恢宏，有时手法细致。有的时候是描绘高山大川的苍凉壮美，有的时候是叙述登山队友的苦乐情缘。但都体现出热爱大自然、讴歌生命的感人情怀。"

"王石的片子，显然是沾了高原的光，因为高原风光崇高，所以，他的片子让人感到神秘、神圣。这些片子的拍摄方式虽然是粗糙的，但是，我们可以从中看到，王石在拍摄的时候还是动了脑筋的。"

王石对摄影追求的是一种高度，这与他的性格和人生经历有相通之处。作为一个敢于挑战的企业家，王石乐于追求人生高度，乐于去征服。所以，他的摄影作品体现的大多是对高度的征服。

Business Develop

作为一个优秀的企业管理者，最需要的就是敢于挑战的性格。在创立京瓷公司之初，稻盛和夫在陶瓷领域虽然是一位"门外汉"，但在长期从事研究工作的过程中，他多次感觉到"伟大之物"实实在在地存在，并且大胆尝试各种新产品研发。京瓷公司最初着手做的陶瓷叫作"精密陶瓷"，就是尝试用计算机、手机等各种高科技产品的材料进行加工升级，在短暂的时间里成功地开发出的全新的材料。

稻盛先生从创立京瓷公司到首次接受订单再到如今取得世界500强的业绩，不是一时兴起的结果，而是经过无数个日日夜夜的努力，辛勤劳动所得。稻盛先生年轻时工作不顺并遭遇多次不幸，他也曾抱怨自己运气不好，但是他最终没有放弃，持着坚强的意志和勇气，不断地尝试新的挑战，大胆地探索新的陶瓷材料，在无数次失败的考验后，终于用自己独特的方法首次在日本成功合成、开发了应用于电视机晶体管里电子枪上的精密陶瓷材料，其时电视机刚刚开始普及。这样的业绩的取得，仅仅有足够的工作热情和坚定的信心是不够的，还必须有遭遇失败时勇于尝试和挑战的勇气。

企业管理者在管理企业的时候每走一步都需要尝试，因为每当开始做一件事情，我们都不知道面临的困难有多大，会有多少不可料及的事情发生，这就需要企业管理者敢于去征服，敢于去挑战，相信自己有能力克服困难，战胜挫折。

"失败者任其失败,成功者创造成功。"这句格言强调的是,胜利者天生是倾向行动的人、倾向挑战的人,人生到处充满挑战,成功的关键在于你是否敢于接受挑战,激发挑战挫折的气魄。作为企业管理者,我们应该勇于接受挑战,敢于挑战一个又一个的人生高度。这样,才是把自己打造成有素质、有气场的领导者。那么,企业管理者如何才能做到敢于挑战呢?

首先,困难面前要勇敢。事实上,任何问题都不像我们想象的那么可怕。当你敢于面对,勇于挑战时,你会意识到自己从伟大的造物主那里获得了源源不断的能量,你会变得坚强,学会正视恐惧,从烦恼和痛苦中解脱出来,并且有可能获得新生,更加自信而愉快地生活。

其次,不逃避,主动寻找问题解决的方法。面对困难时,一味地采取消极的态度,暗示自己"我不行",或者直接选择逃避,困难就会越来越大,最后成为真正的难题。但如果你能扛起责任的大旗,相信自己可以,开动脑筋,积极寻找问题来解决问题,最后定能战胜困难,做承担责任的践行者。

尊重
自己的选择

经营企业并不是我最爱干的事情，它只是我的职业选择而已。

在中国的20世纪80年代，我们那一代人可以选择的职业并不多，我选择的职业是做企业，但是我并不喜欢做企业，因为我并不喜欢做生意，最主要的是我不喜欢和金钱打交道。

在开始的时候，我是在政府部门工作的，后来就下海了。原来我在政府工作的时候，工作也是非常出色的，是大家都看好的领导人选。我本可以在仕途上大展拳脚，但如果是这样的话，自己的个性没有办法展现出来。那个时候我只是个科员，而当时我的想法是如果一直在这里待着，大概可以做到副局长的位置。能不能做到局长的位置，就非常难说了，再往上的话，可能性是微乎其微，可以说纯粹是一种偶然。也就是说，将来的生活是个什么样子，一下子就已经看清楚了。这种生活对我来说，是没有任何意思的，所以我选择放弃仕途。

那么走一条什么样的路呢？我处的那个时代，是改革开放的大好时代，国家在深圳建立了特区，我就到了特区，并且加入到风起云涌的商业大潮中。我能干的一面在做生意的过程中充分表露出来了。但是在这个过程中，我发现经商并不是我的长项，因为我的兴趣不在这里，既然没有兴趣，又怎么可以做得出色呢？但是我并没有其他长项，而那时的潮流就是商业，而我的选择就是顺应这个潮流。

——摘自《商业评论》2012年第九期

《王石口述：坚守底线是一种智慧》

延伸阅读

1978年邓小平执政，开始了拨乱反正，在九大方面实行整顿，即教育、科学、文化、卫生、农业、交通、工业、法治、商业，等等，中国开始改革开放：农业实行承包制，教育恢复高考，政治上实行实事求是，在实践中检验和发展真理，个体户开始合法化……

正因为改革开放，比较大的商业机会在70年代末80年代初出现。当时，很多人走起单帮，摆起地摊。人们纷纷开始下海，在那个时代产生了中国第一批百万富翁。1980年以后，中国的商业环境更加宽松，利改税，个体户、个人公司开始进入市场。1980到1989这十年，全国各地都充斥着商业机会。

当时的深圳是中国最早对外开放的城市，中国第一个经济特区，副省级城市，计划单列市，经国务院批准于1980年8月26日正式设立。作为第一个经济特区，深圳当时拥有国家赋予的引进项目审批权、人员因公出国出港审批权、外贸出口权、外汇管理权及许多其他经济管理权限，并且在税收、外汇管理、银行信贷、劳动用工以及人员出入境等方面也具备很多的优惠政策。除了这些条件外，深圳靠香港最近，成了经济发展机遇最好的地方。

具备如此优越的条件，很多人纷纷涌入深圳寻找创业机会。深圳也因此造就了一批又一批的大富翁。

就是在这个时代，原本在政府机关当公务员的王石因为不喜欢四平八稳的生活状态，所以辞职下海，而他选择下海的第一站也是深圳。初到深圳时，王石其实并没有明确的创业构想，在经历过几次创业尝试之后，王石结合当时的国内经济形势，经过慎重考虑，决定将公司业务放在房地产产业上。这并不是他最喜欢的，却是最适合当时社会商业环境的。此后，原本涉足多个行业的万科开始转向，可以说，这是王石真正创业的开始。

Business Develop

创业这个词随着时代的发展，变得越来越时髦，越来越多的年轻人投入创业大军，然而，很多年轻人的创业十分盲目，很容易进入以下两个创业误区：

1. 跟着感觉走，缺少前期准备

青年人初出茅庐，既没经验又缺乏耐心，创业往往跟着感觉走，觉得某个行业有钱赚，或听别人说某个行业好，就将钱往里扔。很多人都因缺少市场调查分析等投资前期准备，入错了行而弄得血本无归。

确定创业方向有一定方法：先看哪一个行业适合发展，要结合自己的内部资源和外部环境来考虑，选出自己有可能进入的几个行业。然后有针对性地进行分析考虑，最后确定自己应该投资哪一个行业。如果只是看到某一行业当前发展迅速，赢利率高，规模正在逐渐扩大，就投资进入这一行业，而不对其未来发展前景做认真细致的调查分析，就极有可能因"误入歧途"而失败。

2. 眼光太高，对小生意不屑一顾

现在很多人在投资创业时，都将目光投向高、精、尖产品，不愿意做小产品，不愿意研究小项目，一开始就希望赚大钱，认为小打小闹成不了大气候。其实，世界500强企业中的美国吉利、麦当劳，当家产品也不过是剃须刀和汉堡包这样的"小玩意儿"。生产螺丝刀也好、绣花针也好，做成规模、做出品牌就有很大的前景。

现在的年轻人在考虑创业的时候，考虑得最多的是这个行业能不能赚钱，而不是自己能不能做得了。在这种心态的指引下，很多创业者盲目选择了与自身能力并不适应的行业，这样一来，事业取得成功，也成了不切实际的事情。

另外，对于初次创业的人来说，不妨选择一个自己喜欢的行业，对于该行业的兴趣有助于你熬过创业开始的艰难时期，你的想象力和创造力也更容易被激发出来。然而，如果选择了自己不感兴趣的事情，那要怎么办呢？此时，认真的态度就成了创业的最大精神支柱。你必须要求自己认真对待，要求自己矢志不渝地坚持下去，这是一个成功企业家所必须具备的品质。兴趣是可以慢慢培养的，态度才是决定成败的重要因素。既然做出了选择，就要拿出认真的态度，全力以赴，做好取舍，做一个敢想敢干、负责任的创业者。

第二章
领跑者思维：坚持！全力拼了！

万科只做领跑者，如果还做不到，那就拼命做到。

只要你怀揣梦想，
就一定有你将要走的路，
那里是绝对不一样的成功！

熬：
哪怕坚守底线，也能成就伟大

> 如果我们缺少了信仰，把信仰当作GDP，把信仰当作为了赚钱，一切为了赚钱和GDP，把一切牺牲了，这是很糟糕的。

就是我们企业家，除了我们本身是赚钱，是赢利，是担当，我们应该有信心。中国现在的问题是，普遍的信仰缺失。要谈我们美丽的商业，如果我们缺少了信仰，把信仰当作GDP，把信仰当作为了赚钱，一切为了赚钱和GDP，把一切牺牲了，这是很糟糕的。但今天是企业家来谈论信仰，不进行国家的批判，而是进行自我的批判，就是改革开放35年，包括我在内5位企业家，时间最长的20多年，我们如何过来的，从野蛮成长走到现在，我们的影响力、财富也相当了，我们更应该从我们自身检讨，如何从野蛮成长到赚钱赢利承担责任，培养我们信用的价值体系。我们过去存在的很大的问题，就是我们的信用危机，从我们自己、从我们的企业做起，我们的社会变革一定会到来，所以我们对中国的美丽商业，持谨慎的乐观。

——2013年绿公司年会王石发言

延伸阅读

随着社会的发展，人民的生活水平也得到了提高。然而，现在的状况是，很多人在这个物欲横流的世界里迷失了自我，找不到人生的信仰。

非但平常人如此，很多创业者也在这个时代迷失了自己。很多创业者心中没有信仰，没有敬畏，没有价值标准，在金钱利益的驱使下，他们为所欲为。因为没有信仰，或者是把金钱当作自己人生的信仰，这些人的内心失去了行为准则的禁区。他们不能掌控自己，而是任凭欲望和外部力量驱使。这些创业者们为了达到个人的私欲，开始不择手段地破坏或损毁社会及他人的利益。这样的例子在我们身边随处可见，伪劣产品充斥市场，三聚氰胺奶粉、地沟油、染色馒头、瘦肉精、毒豆芽等各种食品安全事件层出不穷。也许很多创业者在开始的时候也抱持着纯粹的信仰，然而，当企业发展到一定阶段，这种信仰就会在利益的诱惑下消失得无影无踪。

对企业家来说，要守住自己的信仰，就要守住自己的底线，而要守住底线，也许就不得不承受当前的利益上的损失。许多创业者为了不损失利益，或者为了获得更大的利益，就突破自己的底线，抛弃自己的信仰，铤而走险。

王石是一个守得住底线的人，也是一个有信仰的人，所以万科在成长之后仍然是一家有底线的企业。王石把万科打造成专业做房地产的公司是他守得住底线的开始，他一直将打造高质量的房子作为自己的信仰，而不是为了追求高额利润而盲目地追求速度。近年来万科发展的速度的确有点儿快，以至于为了追求速度而忽略了质量。所以，万科出现了一系列与质量问题有关的事件，而王石在这些事件发生后，立马回来扑火，重申万科要以质量为建房的最基本原则。

Business Develop

"冠生园"是中国的名牌老字号,它一向把质量上乘、诚信经营作为自己的信仰,因此受到消费者的喜爱。但就是顶着这样响当当名号的一家企业——南京冠生园食品企业,竟然在新闻媒体关于"陈馅事件"的曝光中破产倒闭。把过期的食品用料"陈馅"翻炒后,再制成月饼出售,这种行为在冠生园人看来,并不是很严重,他们没有想到企业会因这样的"小事"而倒闭。在"陈馅事件"被媒体曝光后,企业的第一反应是"媒体害了企业"。即使在企业破产倒闭后,企业依旧对媒体耿耿于怀:"好端端一个企业要不是媒体曝光,怎么会倒?"

一直到企业破产倒闭,冠生园公司的经理仍然将企业破产的原因归咎于媒体曝光,丝毫没有意识到社会责任的缺失才是企业倒闭的最根本原因。责任是企业的生存之本,如果企业缺失了对于社会公众和消费者基本的责任,就缺失了企业应该具备的最基本的信仰。那么,社会公众和消费者就会毫不留情地抛弃企业。

企业管理者要让企业赢利,但更要守住自己的底线,虽然这样做,企业壮大需要更长的时间,但这无疑是最保险、最稳健的发展方式。

当前,更多的企业家关注的是资本的回报率,关注的是企业能否在最短的时间内成长,至于企业能不能长期有效地经营,则基本不在他们的考虑范围内。在这种思想的控制下,在利益的驱使下,很多企业家的道德开始沦丧,诚信经营之类的信仰开始缺失,违法乱纪的生产经营开始出现,这些企业管理者们却乐此不疲,直到最终企业分崩离析,才知道后悔,才知道信仰的缺失是多么的可怕。

企业管理者需要逐步提升自己的境界,要把社会责任当成自己的信仰,在生产的过程中要牢牢守住自己的底线。即使前方是金山银山,也不能丢掉自己的底线。只有守得住底线的企业才能得到长足的发展,虽然发展的道路缓慢,但至少是稳健的,安全的。

关键时刻，要果断决策

企业家要有果敢的性格，要敢于在关键的时刻果断决策。

对于企业家来说，最重要的一项品质是在关键的时刻要果断决策。任何企业家都应该明白的是很多时候机遇是转瞬即逝的，只有在机遇出现的时候果断决策，才能做强企业。一个没有果断性格的企业管理者不是一个好的企业管理者，至少不是优秀的企业管理者。

——摘自陆新之《王石管理日志》，中信出版社，2009年1月

延伸阅读

对于企业管理者来说，拥有果敢的性格是必不可少的。王石就是一个具有果敢性格的企业管理者。在王石创办现代科教仪器展示中心后，王石想规范化企业。而此时，国家正鼓励企业上市。王石认为要想规范化企业，就得

招募股东。于是，王石果断决定通过运用招募股东的形式来规范企业。在王石的决策下，1988年万科成为中国最早的一批上市公司之一，成为深交所"老五股"。

这一决策为企业的发展奠定了良好的基础，80年代末，企业开始进入房地产领域，并进而成为一家多元化商社，业务一度遍及全国，包括贸易、零售、工业制造等许多领域。1992年开发万科城市花园轰动全国，确立了以房地产为中心的业务模式。王石和冯仑、胡葆森被并称为"地产三剑客"。

王石果断决策给企业管理者的启示是：作为企业管理者要有果敢的性格，在关键的时刻要敢于果断做决策，如此，企业才能逐步发展壮大。

Business Develop

英特尔总裁安迪·格鲁夫是一个善于在关键时刻做出果断决定的企业管理者。在相当长的一段时期内，由于受日本厂商的疯狂进攻，英特尔存储器业务开始衰退。他们生产出的产品像山一样堆积在仓库里，资金周转困难，英特尔陷入困境。幸好后来总裁安迪·格鲁夫创立了目标式管理方式，支撑住了英特尔运营的轴心，而且微处理器业务也逐渐成熟起来。

有一天，安迪·格鲁夫与英特尔董事长摩尔讨论公司困境。当时他问摩尔："如果我们下台了，另选一位新总裁，你认为他会采取什么行动？"摩尔犹豫了一下，回答道："他也许会放弃存储器业务。"安迪·格鲁夫说："那我们为什么不自己动手？"一年后，安迪·格鲁夫提出了新的口号："英特尔，微处理器公司。"英特尔顺利地度过了危机。

安迪·格鲁夫领导了英特尔这次生死攸关的大转折。后来，他为了向员工解释公司新的战略目标，亲自与公司的高层管理人员、中层经理和基础员工接触，竭尽全力地与他们交流沟通，表明他的意图。而且他还每天花上两个小时，通过电子邮件做员工的思想工作。最后，安迪·格鲁夫成功了，1987年，他头上又新添了一个重要的头衔：英特尔CEO。也就是说，他成了英特尔名副其实的掌舵人。

格鲁夫时常思考这样一个问题：领导人为何常常没有勇气去领导别人？格鲁夫认为，这让人很费解。格鲁夫渐渐发现，可能是由于领导人必须在同事和员工在喋喋不休地争论该走哪条路时，领导人必须在他们之前做出决定。而这个决定必须果断、明确，并且它的成败需要多年之后才看到成果。可以想象，这无疑需要十足的信心和勇气，对领导人来说，这是一次严峻的考验。

作为领导者，必须有果断决策的品质。所谓果断，是指把经过深思熟虑后的选择，能迅速明确地表达出来。果断，说明了管理者的思想高度集中，是他反应敏锐的体现；他对信息的吸收和消化、对经验的综合和运用、对未来的估计和推测，都能在较短的时间凝聚成明确的指令。

要达到这一点，管理者就必须对事件有迅速做出判断和选择的能力，有敢于对事件的过程和后果负责的精神和魄力。顾虑重重，怕这怕那，"一看、二慢、三通过"的人，不可能成为一个优秀的管理者。因为在"看"和"慢"的过程中，在"等"的过程中，可能会产生更多、更大的风险。

美国著名的管理公司——麦克金赛公司，曾经对管理卓有成效的37家公司进行调查，结果表明，获得成功有八个条件，其中一条就是行动要果断，办事要有魄力。如果管理者犹豫不决、模棱两可，就无法动员下属和得到成员的全力支持。只有自己坚定，才能使别人坚定。

面临所要解决的问题，管理者必须敢于拍板、善于拍板。决策的时机稍纵即逝，最考验管理者的气魄和能力。管理者应该如何表现自己的决策艺术呢？

首先，要表现出你的果断性。能果断处理问题的管理者魄力表现在对信息的吸收、消化，对知识经验的综合运用，对未来的估计、推测，对处理问题的对策和结论性的意见，都可以较快完成。果断与草率、鲁莽不同，前者是理智行为，后者则是头脑一时兴奋，在还未看清事物的本质时即采取行动，没认真考虑其行为的后果。在现实生活中，果断型管理者常常能捕捉这种稍纵即逝的良机，因而能取得突出的成绩。

其次，要表现出你的顽强性。在决策过程中，无论出现什么情况，管理者应该保持其决策的坚定性和对决策实施的韧性。他们能正确地判断情况，善于驾驭复杂的环境；一时的干扰挫折，不会使他退却动摇。事业的成功，往往在"坚持一下"的决心之中。

另外，管理者还要具有深思熟虑的特征和沉着稳健的性格，要表现出"稳扎稳打，步步为营"的风格，并且有层次地一浪高一流，一环套一环，最后形成正确的决策。

优秀的企业管理者行动要果断，办事要有魄力。只有自己充满必胜的信念，下属才可能和你共同奋斗。需要注意的是，果断绝不是草率，更不是鲁莽。草率和鲁莽是愚昧无知和粗心大意的伴生物，而果断是对信息做出充分加工，做出迅速准确的反应，是"短、平、快"式的深思熟虑。

充满激情的人才能找到目标

作为人生来讲,你一定是对自我的一个不满足,好奇、激情保持着,实际上你会找到新的坐标。

网易财经:那再回到最近关于你的一件事,就是为什么会选择在 60 岁这个节点上,转身到课堂上去求学?

王石:我记得我是 33 岁到深圳去,之后一直还是想现在可以出国留学,很想圆自己的出国留学再深造这样一个梦。但慢慢做做就一发不可收拾,但是这个梦想好像已经没有了。(去哈佛)这个从某种意义上带着某种偶然,就是过去的一年,哈佛的中国基金会发出这样一个邀请,说有这样到哈佛访问学者学习的机会,可以 3 个月、6 个月、一年,看你第一有没有兴趣,看你想选择哪一种。我说第一我是喜出望外,第二我当然选择一年的。当时考虑都没考虑。

网易财经:在很多时间节点上,刚才你也讲到了,你当汽车兵转业的时候,做这个抉择的时候,还有后边跑到深圳做生意的时候,还有52岁登上珠峰，60岁又开始求学，就是每一个节点人们都觉得非常完美。很多网友就想知道，人生应该怎么样规划？

王石：实际上对于我来讲，都不是之前规划好的。刚才你也讲了我也说了，完全就是一句话给我激起来了，我就这样做了。但是这个节点怎么是这样的一个节点呢？实际上，我是准备一生3次登珠峰的，也就是说60岁是第二次，我还准备70岁第三次去登。但是这次第二次登珠峰下来之后，就是身体恢复得非常非常迟缓。我这回暂时性的左眼失明，我觉得这是对我的一个警告。就是实际上你的身体已经不大适合再这样登环境这么恶劣的山，这样的一个探险活动。正好我来讲，登山活动准备结束一段了。那再做什么，下一段来讲正在彷徨呢，所以接受了这个邀请。但是最基本来讲，作为人生来讲，你一定是对自我的一个不满足，好奇、激情保持着，实际上你会找到新的坐标。

——2011年财经会客厅王石访谈

延伸阅读

2010年的万科是光芒四射的，头上聚拢着千亿的光环，市场占有率跃居第一。然而，也是在这一年，王石对外界宣布未来3年他将逐渐淡出公众视野。当时，王石是这样说的："明年1月份起，我就去哈佛做一年的访问学者，然后再去欧洲等地学习两年。"

这是王石给自己60岁制订的计划，他选择成为一名学者。尽管2010年万科的销售过千亿，但这并没有改变王石倔强与争胜的雄心。在王石看来，一个领导者，只有不满足于自我并且永远保持激情，才是一个优秀的领导者。

其实，王石本来就是一个不满足于自我，并且永远激情四射的领导者。作为登山运动的爱好者，王石于 2003 年成功登顶珠穆朗玛峰，至今保持着国内登顶珠峰的最年长纪录。他又于 2004 年、2005 年先后完成攀登世界七大洲最高峰和穿越北极和南极的探险，是成功登顶七大洲最高峰的 4 个华人之一。

对王石来说，登山已经成为他生命中不可或缺的一部分，登山也改变了他的人生状态，用他的话说就是："登山能让你感受到山在你面前的魅力，让你向往与自然亲近，挑战自己。"

这就是王石，一个房地产龙头企业的老总，一个永远都不知道满足，时刻怀有梦想，并且时刻保持追求梦想激情的领导者。

Business Develop

要想成为一个优秀的企业领导者，就要时刻怀揣梦想，并且拥有为实现梦想而不断拼搏的激情。奇虎 360CEO 周鸿祎就是这样一个人。

1998 年周鸿祎创立了 3721 网络实名，梦想就是让中国人上网更方便、更简单。2004 年，3721 以 1.2 亿美元的价格出售给雅虎公司。卸任雅虎中国 CEO 一职后，他对客户端软件的痴心不改，作为天使投资人，他先后帮扶了迅雷、酷狗、Discuz 等互联网公司做大、做强，帮助他人实现了梦想。

2006 年，仍然充满创业热情的周鸿祎出任 360 公司的董事长，随后在互联网安全领域一路过关斩将，推出了 360 免费杀毒，把互联网安全梦想做大。

"当时，我们推免费杀毒，是主动放弃了每年上亿元的收入。"周鸿祎说，据悉，在推 360 免费杀毒之前，360 每年在线销售其他品牌杀毒软件的收入达到 1.5 亿元。"可以说，让每个电脑装上正版的杀毒软件，早在我任职雅虎中国 CEO 的时候就想这样做,这一直是我的梦想。"

这就是周鸿祎,为了自己的梦想而不断拼搏的人,这也是他能够取得成功的重要原因之一。

所以,对于企业管理者来说,也许管理经验是非常重要的,但是,除了管理经验外,企业管理者更需要的是追逐梦想的激情。凭借这种激情,企业管理者可以释放出潜在的巨大能量,塑造出一种坚强的个性;凭借激情,企业管理者可以把枯燥乏味的工作变得生动有趣,使自己充满活力,培养自己对事业的狂热追求;凭借激情,企业管理者可以感染周围的人,让他们理解你、支持你,同时让周围的人和自己一样有激情。

按规律奋斗：
一厢情愿的努力是徒劳的

> 企业管理者要按照客观规律去
> 发展企业，而不是主观想象。

经济发展是有自身的特点与规律的。这就要求我们尊重科学、尊重客观规律，而不能仅仅把它们当成一句口号。发展经济最忌讳用类似于搞政治运动的方式和思路来进行，如果真是这样，走弯路，遭受挫折是在所难免的事情。

很多这样的想法只是自己的主观想象，是一厢情愿的，是不符合实际和经济客观规律的，甚至可以说是严重背离的。企业在发展的时候，要从全局的角度出发来思考这些问题，同时必须弄明白企业发展在全国经济发展布局中的位置。只有这样做，才能真正找到一条符合客观规律的发展道路。这就是说企业管理者在引导企业发展的时候，一定要善于冷静分析形势，客观衡量自己，一切都要从实际出发，而不是依靠自己的主观想象去设计、去规划，这才是最明智的做法。

——王石1997年接受记者采访时所说的话

延伸阅读

企业发展要尊重客观规律，否则肯定会吃大亏，关于这一点，王石是深有体会的。

1992年，邓小平发表了南方谈话，在这次谈话中，邓小平强调发展经济要敢闯，胆子要大一点，步子也要快一点。邓小平的这一席话让全国各地政界和商界变得热血沸腾，他们摩拳擦掌、跃跃欲试，都准备着大干一场。邓小平的这次谈话给很多人吃了定心丸，各地政府纷纷出台加快本地经济发展步伐的政策。

同样受到邓小平鼓舞的还有万科的同人们，他们工作的激情一下被点燃了，也准备大干一番。最重要的体现是万科人开始研究自己家乡的特点和条件，研究的结果都是自己的家乡有很大的经济发展潜力。于是，他们纷纷向领导请愿，要求万科去他们的家乡投资。

地域涉及海南、上海、珠江三角洲、郑州、北京、乌鲁木齐、丹东、齐齐哈尔、怀化、陆丰，还有京津地区、胶东半岛、闽南经济区，等等。来自不同地方的万科同人们说出了自己家乡的特色，以及发展的潜力。每个人的理由都很充分，每个人的激情都很饱满。但是仔细想一下，中国如此之大，具备发展潜力的地方又何止这些。万科同人提出去自己的家乡投资，多是出于热爱家乡的感情，甚至可以说是一种狂热。

当时，很多人都是激进的，据王石说："很多城市都做了宏伟的规划。开发几百、几千平方公里土地，建起几百万吨的乙烯厂、几百万吨的炼油厂、几千万吨的炼钢厂，建起多少个万吨泊位，开发多少公里的海滩，等等。这些美好的远景规划，令人不由得动心，心向往之。很多人虔诚地、执着地相信自己的设想一定会实现。"

但此时的王石是冷静的，没有被集体的狂热所左右，他很快就冷静下来，经过深思熟虑，王石发现其中有很多规律是没有办法摆脱的，而很多想法也是不符合实际的。

经过这件事，王石体会到，无论何地，发展经济都需要尊重科学、尊重客观规律。这样的想法也让万科在之后的发展过程中没有出现大的错误。

Business Develop

一切组织行动的目标要符合经济发展客观规律，否则后果将不堪设想，对于企业来说更是如此。关于这一点，任正非的认识比较深刻，在华为的发展遭遇冬天的时候，任正非发表了一篇《华为如何度过冬天？》的讲话，详尽地说明了企业的发展必须符合客观规律，否则将会给企业发展带来困难。

当华为的发展遭遇冬天的时候，华为员工的士气也受到了影响。此时，任正非在讲话中强调，每个员工一定要充分认识到客观规律不是随人的意志而转移的。现在是一个前所未有的困难时期，但这个困难不是华为公司一家的，这是全行业的困难，是全球的 IT 业的冬天，包括国内外的运营商、设备商，所有的都包含进去了，可以说无一幸免。当然，华为只能讲自己的冬天，我们更多地讲自己存在的问题，因为我们是行业中的一部分，行业的大环境我们改变不了。我们没有资格对别人指手画脚，我们要集中精力把我们自己的事情办好。

那么，这场困难是如何造成的？实际上是美国的新经济炒得太热而造成的。大家想想当时的情况，那时好像钢铁玩完了，汽车玩完了，什么都玩完了，只有搞信息才赚钱，触网即"发"，无"网"不胜。所有的上市公司，不管是卖鸡蛋的、还是卖鸭蛋的，只要有一个".com"，几百亿、几千亿就圈进来了。我当时就认为这是极不正常的，道理很简单，也很朴素：人们不能吃信息、穿信息、住信息。粮食不要了，房子不要了，汽车不要了，然后人们就富裕起来了，怎么可能？因此，在新经济理论虚拟财富的推动下，人们非理智的追捧，制造了整个世界对网络企业的大泡沫。

戈尔以他高度的智慧与概括能力把多媒体通信简单地归纳成为信息高速公路，这种简单的归纳使全世界所有的政府和人们清晰地理解了网络经济，把网络经济迅速地普及到大众，于是网络经济走下神坛，由精英经济，变成了大众经济。而先行的网络公司股价暴涨，又确实让人看见了财富。在示范效应下，大规模的投入就开始了，持续了十几年的繁荣，这种浪涌式的投资过剩大大超过需求，供求失衡的结果，产生了管涌和坍塌，最终因无力支撑而衰落下来。由于这种思想的推动和群体的无意识，大家对未来的估计过于美好。这实际上背离了社会发展的自然规律，也背离了企业生存发展的基本规律。

大家想想，光纤与芯片的原材料是河沙中提炼的硅。光纤与芯片的原材料资源是取之不尽、用之不竭的，大家都拼命地投资，就形成生产供给过剩。这种需求有限而生产过剩累积，必然导致行业的坍塌和困难，于是造成了今天的过剩和行业的困难。

我们从任正非的这段讲话中可以领悟到的是，企业发展最重要的是有规律地活着，而这个规律就是市场经济的客观规律以及当下的客观实际。由此可见，经营事业，企业家不仅需要过人的商业敏感，还要对市场进行充分调研，要有一双慧眼和一颗智慧的头脑。德鲁克认为，在产品或服务的价值认定方面，最权威的专家不是企业家本人，而是市场规律。企业如果想进军一个新的行业或在一个全新的地理区域安营扎寨，如果缺乏对市场的考察，无异于蒙着眼睛奔跑，最终必然在瞎跑乱撞中跌得头破血流。

第三章
打造金牌团队：有人才，就有光明的未来

再牛气的万科也是人造的，有人才，再造一个万科也不是梦话。

你改变不了过去，但你可以改变现在；
你想要改变环境，就必须改变自己！

万科
因人才而牛气

人才是万科的资本，是万科的核心竞争力。

人才是万科的资本，是万科的核心竞争力。尊重人，为优秀的人才创造一个和谐、富有激情的环境，是万科一贯的追求。万科给每一位员工提供发展的机会和空间，致力于培养不断自我超越的职业经理人。

——摘自王石语录

延伸阅读

1988年，可以说是企业野蛮生长的年代。改革开放的春风把许多人送进创业的大队伍，一些有卓越才干的企业家迅速崛起，优秀企业也如雨后春笋般出现，在市场上较劲儿。一大批房地产企业也在这股浪潮中开始出现，壮大，并不断竞争。对于当时的房地产企业来说，最重要的事情莫过于融资，莫过于获取土地。有了土地才能盖房子，要盖房子就得有资金。所以，很多房地产企业开始疯狂地找资金，疯狂地买地。其管理者认为，房地产事业要发展，土地与资金是最珍贵的，人才居次要地位。然而，当时的王石并不这样认为，他的观点是任何事物都比不上人才珍贵，同时他提出"人才是万科的资本，是万科核心竞争力"的人才观。

万科始终把这一人才观放在首位，在发展过程中，始终尊重每一位员工，并且积极为他们开展素质培训与技能培训，并出台一系列激励人才的措施。万科始终倡导"每个员工都应该拥有健康丰盛的人生"，始终把人本管理放在最重要的位置，作为领头人，王石始终相信只有具备高素质的人才，才能有高速发展的万科。正是因为具备这样的人才管理理念，万科才留住了更多的人才。

Business Develop

人才是企业发展的根本，是企业发展的推动力量。所以，对于企业来说，最重要的事情莫过于留住人才。现在很多企业都已制定了相应的留住人才的措施，努力提高他们对工作的积极性。

道康宁公司和联信公司正在努力迎合自主型雇员。近年来，这两家公司跳槽的员工多为任职三个月至两年的员工，针对这种情况，该公司制订了一项"职业适应"计划，以帮助员工在公司内部寻找机会。道康宁公司总经理贝弗利说："我们的想法是，教会那些甚至是刚进公司的员工如何找到不同的工作职责，这样，他们不必离开公司就能找到更合适的岗位。"

其实，安定人心，让员工爱上自己的企业并不是一件困难的事，只要管理者能够采用一些措施，在工作中营造出公正平等与和谐的环境，使员工能够有一种自我价值得以实现的成就感，人才便会忠实于企业，勤奋工作，回报企业。如此，作为企业管理者可从以下三个方面着手来留住人才：

1. 提供更好的待遇

这一点微软做得非常成功。对微软公司而言，不论你的经验与资历如何，只要有足够的能力，你就有机会升职加薪。因此，微软公司能网罗全世界的精英。在微软公司工作的压力虽然很大，但其福利优厚，能使许多员工成为百万富翁，这也是留住人才的方法之一。在相同的条件下微软公司通过内在激励机制，提供更好的待遇与工作环境，吸引了大批最优秀的人才。

2. 让人才扮演主角

美国有一家顾问公司，其业务主要是信息咨询和规划设计等。因为公司效益不错，三位创立人决定用高薪来引进人才，以扩大公司规模，因为高薪和该公司令人喜悦的发展速度，许多人才被吸引过来，其中有两位高级咨询顾问都希望在该公司一展身手。可是，三位创立人对高级咨询顾问并没有做出太多的安排，他们把全部精力放在营销工作上，致力于追求新合同。刚刚进入公司的高级咨询顾问明显地感觉到被冷落了。

这个过程持续了几个月，公司的动力开始减缓，人们开始对工作不抱什么热情，有一些人才开始离去，往往也带走了一些客户。这种情况越来越多，该公司三位创立人有一天清晨醒来，忽然发现他们那个美丽的梦破灭了，当他们回过头来注意公司的时候，发现公司也只剩下一个空壳。最大的客户也跟着咨询顾问走了。

人既是感性的又是理性的，员工既希望能够受到关怀，又希望发挥自己的能力为企业创造价值，如果这些愿望得不到满足，员工便会感觉到失望。或许企业能够发出很高的薪水，但在有些时候，高薪也留不住人，给他们一个可以尽情施展才华的舞台才是明智的解决办法。

每个人都是平等的，即便有高下之分，也是因为品德、能力，而非职位，如果管理者能有发自内心的平等意识，真诚地对待每一个人，那么员工必定会受其感动，全身心地投入到工作中去。

出色的员工会在工作过程中产生很多看法和观点，其中很大一部分都是对企业有益的建议。因此，作为管理者，要多和企业员工交流，了解他们的想法，接受益于企业的想法，然后对管理方法做出相应的调整。

3. 让不同层次的人才都得到学习的机会

不同层次的人才在职责和特长上存在很大差异，有的人适合做高级管理者，有的人适合做基层管理者，有的人是专业人员，但他们都需要不断地学习，给自己充电，掌握更多的技能，以满足他们的进取心，同时这也会为企业创造更好的效益。因此，为不同的人才开设不同的培训项目也是留住人才的一条途径，让他们能够学以致用，配以合理的薪酬和职位，人才当然舍不得离开。

每一个成员
都值得呵护

在万科，我们强调每一位员工在人格上平等，公司尊重而且必须维护他们的人格尊严。

尊重人，使得万科形成了和谐而富有激情的工作氛围，会聚了一批批优秀的人才。这支优秀的专业团队怀着远大的理想，引领万科不断进步。

尊重人，意味着平等、理解、信任、宽容。公司对每位员工都有严格的要求，为每位员工提供公平的回报，并为公司职员提供充分的发展空间。

尊重人，意味着坚守高尚的职业道德，坚守阳光照亮的体制，以及对健康丰富的人生的执着追求。万科坚信，一个健康的公司是同规范化、同每位有着美好的生活理想和坚定的职业道德的员工密不可分的。

——摘自王石2004年新春致辞

延伸阅读

在相当长一段时期内,万科员工的工作是繁重的,很多员工需要长时间加班,大量的时间被工作占用,私人生活受到了严重的影响,有家庭的员工不能照顾家庭,单身的员工没有时间约会。所以,万科员工私底下把万科的这种文化称为"光棍文化"。

此时,王石似乎也发现了万科存在这种现象,一次,他在万科论坛——"王石Online"里探寻员工心声,无意中发现一位万科职员的太太对万科进行投诉,这位太太投诉说她丈夫的时间几乎被加班全部占用了。不单单是晚上,几乎所有的周末、节假日她丈夫都要去加班,工作压力非常大,并且每天回家后都非常疲惫。

看到这样的帖子,王石立即回帖表明态度。他说加班太多严重损害了该员工的权益,这与万科提倡的"健康丰富的人生"宗旨是不相符的,也是不符合万科以人为本的经营理念的。此次回帖,王石还表示一定从尊重员工的角度出发,尽可能地缩减加班的时间。回帖之后,王石就要求相关部门制定了限制职员加班时间的规定。万科的做法体现出其以人为本,尊重员工的企业文化。

Business Develop

IBM公司提出的口号是"尊重个人",如果员工在公司不能受到尊重,他们也就很难认同公司的管理理念及企业文化。作为管理者,更应该身体力行,把尊重员工落到实处,而不只是停留在口头上。

在 IBM 的种种措施中，良好的沟通机制是独具特色的。IBM 的管理者深知，尊重员工首先是尊重员工的言行，管理者应该最大限度地与员工进行平等的沟通，而不是对员工的言行不闻不问。让员工在上级面前自由地发表自己的意见和看法，这一点非常重要。

对上级而言，IBM 公司规定上级一定要深入基层。自沃森起，IBM 的管理者经常深入基层，他们以亲切的态度了解基层员工的愿望、不满和目标，从而提高士气。IBM 的管理者还极为注意批评员工的方式，确保批评正确，不乱批评，更不为了批评而批评，且批评之后一定要提出解决办法，使员工能够改正，并重建信心。

对下级而言，IBM 公司鼓励员工及时向上级，甚至向公司总裁陈述。这样，在公司内就形成了良好的民主气氛，不仅解决了具体问题，还增进了团结。公司还设立了意见箱，拓宽沟通渠道。员工对工作有意见和建议，可以通过意见箱与各部门主管直接联系。意见箱由专人负责，对于切实可行的建议，提建议者给予重奖。

通过多种形式的沟通，让员工认识到自己在公司中的价值，是 IBM 成功的重要因素之一，因为对于公司来说，最可怕的事情就是员工缺乏工作热情。

"员工是我们最宝贵的财富"，"我们要使员工与公司一起成长"，类似的话被很多的公司写进自己的手册里、宣传刊物中、网站上，但也仅仅是标榜一下而已。IBM 能真正把"尊重员工"这种信念溶入 IBM 的血液当中，强调管理要以人为中心，充分尊重员工的价值，重视人的需求的多样性，运用共同的价值观、信念、和谐的人际关系等成功地激发了员工的工作热情，并持续地保持他们高昂的士气，使员工的个人价值得到充分发挥的同时成就自身的辉煌。

每个人都有自尊心，都希望被人尊重，企业员工更是如此。身为企业的管理者，只有尊重员工，员工才能更好地尊重你，配合你的工作。那么，如何尊重员工呢？企业管理者可参考以下几点建议：

1. 不要对员工颐指气使

"小王，给我倒杯水""小张，给我去马经理那儿拿个文件"……在工作中，有不少管理者就是这样随意使唤自己的员工。面对这样的管理者，员工心里会怎么想呢？他们心中肯定充满了不满，觉得自己没有得到应有的尊重，从而对管理者产生抵触情绪。这样他们还怎么可能会把百分之百的精力投入到工作中呢？

2. 礼貌用语多多益善

当你将一项工作交给员工时，请不要用发号施令的口气，真诚恳切的口吻才是你的上上之选。在现实超过你对他们的期望时，员工们会得到最大的满足，当他们真的做到这一点时，用一句简单的"谢谢，我真的非常感谢"就足够了。

3. 要感谢员工的建议

作为管理者，倾听员工的建议时，要专心致志，确定你真的了解他们在说什么，让他们觉得自己受到尊重与重视。拒绝员工建议时，一定要将理由说清楚，措辞要委婉，并且要感谢他提出意见。

4. 聆听员工的心声

在日常工作中，注意聆听员工的心声是尊重员工、团结员工、调动员工工作积极性最有效的方法，也是成功的管理者明智的做法。对于犯错误的员工，管理者同样要采用聆听的方法，给他们解释的机会，而不是一味地去责怪他们。这样，处理起问题来会方便得多，员工也会乐于接受。

为所有成员
创造健康丰盛的人生

管理人员应该平等、契约、包容、分享，概括起来就是"创造健康丰盛的人生"。

我们知道劳动密集型的企业，国家有关规定必须进行社会保险的购买，往往在这个行业当中，基本上是不买的。因为，这个大军有点儿像打工仔，打工妹，非常流动。很少能够干四五年，或更长时间的，所以给他买社会保险他觉得没有用。既然说没有用，比如说买社会保险要用400块钱，你不如给我200块钱，所以一般的企业都是这样对待的，这样成本又能够控制，又能够看到实惠。

但是，万科是坚持全员买社会保险。但遇到的问题是，成本增加了，他本身又感觉不到。所以，万科培训出来的优秀的保安人员，其他公司稍微给他高一点儿的工资他就流失走了。当时内部就讨论买不买，最后万科认为员工的基本社会保障要保证，我们不应该在成本管理这方面去投机，不应该在这方面找成本计算的技巧。

所以，万科决定全员购买保险，即使人员会流失，我们也应该去买。不仅是社会保险要买，而且还要额外地为物业管理的基层员工按照他们10%，我们90%的比例购买商业的综合医疗险。因为，我们认为社会保险是国家要求的。

另外，我们认为要让文化水平比较低，从农村来的这些打工妹，懂如何进行第二职业的转换。因为她们年轻的时候，没有成立家业，当清洁工之类是没有问题的。但是，她们需要成家立业的时候，靠原来的劳动技能是不够的所以我们举办了职业技能的培训中心，进行第二职业的培训，资助基层员工学习技能，帮助他们开辟新的职业通道，还对他们的子女就学提供帮助。综合医疗险、职业培训中心这些是超出《劳动法》之外的规定。

简括来讲，对于员工，管理人员应该是如何对待？就是平等、契约、包容、分享，概括成万科的一句口号就叫作"创造健康丰盛的人生"。这是万科总结的一句口号。

——2008年"中国人力资源管理
新年报告会"王石演讲

延伸阅读

万科在王石的倡导下，一直奉行"创造健康丰盛的人生"的价值观。万科尊重员工的隐私权、选择权，保障员工有均等的机会。依照王石的理念，万科对员工的责任主题是"健康工作、事业成长"。

万科从创立到现在，一直秉承尊重员工的企业文化。万科尊重员工生活方式的选择权利，尊重员工在公司内部调动的权利，尊重员工选择工作地区的权利，充分理解和尊重员工。

万科一直在不断发展，每年都保持30%以上的增长速度。在公司发展的同时，万科也为员工提供了众多的发展机会和广大的发展空间。此外，万科投入大量资金为员工提供培训机会，目的是帮助员工培养充分的技能，紧跟时代的步伐，做到与公司共同发展。

万科对待员工，就像是对待朋友一样，万科甚至愿意帮助员工找到自己最喜欢干的工作。很多人选择到万科工作，也正是因为万科这种包容的态度。在万科，每个员工的付出都能得到相应的回报，他们的才能也都能得到最大限度的发挥。

正是因为关注了人，实行"以人为本"的管理方式，万科才得到了长足的发展。

Business Develop

德鲁克认为，当今企业中拥有某方面专长的该类员工越来越多，因此对知识型员工的管理问题就越来越突出。知识型员工更加注重精神需求的满足，因此，管理者对他们也要有更多的理解和交流，没有什么比激励他们的斗志，满足他们的精神需要更重要。

在知识经济时代，作为管理者，必须深入反思和转型，因为管理对象已发生了巨大变化，管理手段也必须跟进。对员工的管理，必须建立在人本主义的基础上，他们更需要管理者的关注，更需要管理者以一种平等友善的态度与他们交流和沟通。对员工的管理，将会引起一场管理革命。如果注意一下微软或者谷歌，就会发现，他们的管理模式逐渐变得更加生活化，更加贴近人性，更加符合人的需要，而这些，都将成为大多数公司普遍的管理模式。

那么，要怎样实施以人为本的管理方式呢？

首先，以人为本就是让员工得到充分的自我发展的机会。要求员工动脑筋并发挥技能的工作会使他们感到对公司和对自己都有价值，它能使员工和公司同时得到满足。

其次，要平等待人，千万不能有偏见。只有公平竞争的环境才能激发下属的工作热情，一定要给下属一种公平合理的印象。

以人为本，就要放弃偏见。管理者因为身份、地位的不同，很容易对下属产生偏见，以至于影响工作。另外一种情况就是任人唯亲，在工作中采用二元标准，或放弃原则，或施恩图报，组织小团体，长此以往，难免就掉入以私害公的大坑。

股权激励：
向最牛的员工倾斜奖励

对员工不但要关心工作环境，
还要在激励措施上有所创新。

公司要进行股权奖励，但是在2007年，公司虽达到了业绩考核指标，股价却没有达标，这就使得行权没有办法进行。没有办法，公司最终只能通过信托机构出售原本用于激励员工的股票。这一次的股权激励，机构和大股东都很赞成，并且都在从中积极推动，管理层却显得比较淡定，他们认为只要把蛋糕做大，面包就会有的，别的并没有多想。

——2010年11月万科会议中心王石讲话

延伸阅读

2006年，万科推出三年期的限制性股票激励计划。其实，这并非万科第一次实施这样的计划，早在1993年，万科就已经开始了这方面的尝试。万科发行B股的时候，郁亮就负责股权激励计划，当时的计划是，从1993年到2001年，每隔三年开展一次股权激励活动。但这个计划只施行了一期就被证监会叫停，直到 2006 年，万科又开始重启这一计划。

在 2006 年这次股权激励中，王石获得 500 多万股，然而这是唯一的一期；2007 年因股价未达标股权激励未能实施，而 2008 则是因为业绩考核未达标，计划同样没有办法实施。

2011 年，万科推出了新的股权激励计划，得到机构和大股东们的一致赞成及积极推动。在激励名单中，董事会主席王石、总裁郁亮被授予的股票期权数量分别为 660 万份和 550 万份，执行副总裁、北京万科总经理毛大庆也出现在名单中。

此次股权激励方案，万科共发售 11000 万份的股票期权，占当时股本总额的 1.0004%，激励对象有 838 名，占万科在册员工总数的 3.88%。此次激励计划中的股票期权的行权价格为 8.89 元，期权有效期为 5 年。

重新推出股权激励计划对万科的发展来说是有积极意义的，对出色的员工进行股权激励，这无疑会增强万科的士气，提高万科员工工作的积极性。

Business Develop

对很多企业管理者来说，股权鼓励是一种很好的提升员工工作积极性的鼓励方式。股权激励是以员工获得公司股权的形式，给予其一定的经济权利，使其能够以股东的身份参与企业决策、分享利润、承担风险，员工自身利益与企业利益更大程度地保持一致，从而勤勉尽责地为公司的长期发展而服务的一种制度安排。

随着科学技术的迅猛发展，企业之间的竞争已成为人力资源的竞争，如何留住有用之才，提高企业经济效益，每一个企业都殚精竭智，各出奇招。目前，欧美企业比较流行的员工参股的形式，就是使员工成为本公司的股东，实现利润分成计划。如果公司年利润超过一定的限额，员工就能获得奖金或购买公司股票的权利，从而由职员变成了股东。

在运用股权激励上，华为可谓是做得做好的一个。2013年的一组数据现实，华为员工持股比例高达98.58%，任正非作为个人持股1.42%。华为可谓是全员持股的企业。

华为依靠这种方式来激励员工，这也是华为能够飞速发展的重要原因之一。"华为成立之初，没有任何东西可以依靠，只有依靠员工，因此设计出了这种股权结构，并且得到深圳市政府的批准。"这是华为运用股权激励员工的初衷。

华为的股权激励概念源自于创业期。当时的华为为了发展需要大量资金，但是当时的华为是民营企业的性质，融资就比较困难。华为想到的解决方式是首先在内部融资。于是在1990年，华为第一次提出了内部融资、员工持股的概念。当时参股的价格为每股10元，以税后利润的15%作为股权分红。华为这种融资方式是非常睿智的，它不但可以减少公司现金流风险，同时可以增强员工归属感。依靠这种激励方式，华为在1995年完成了15亿人民币的销售额，在1998年就将市场拓展到中国主要城市。

2000年是网络经济泡沫时期，IT业受到毁灭性的打击。2001年底，华为也迎来了冬天，为了度过这个冬天，华为实行了名为"虚拟受限股"的期权改革。虚拟股票规定激励对象可以据此享受一定数量的分红权和股价升值权，但是没有所有权，没有表决权，股票不能转让和出售，如果本人离开企业，那么股票自动失效。华为这样做是为了能够控制整个企业。除了这个措施外，华为还实施了一系列新的股权激励政策：

新员工不再派发长期不变一元一股的股票。

老员工的股票也逐渐转化为期股。

以后员工从期权中获得收益的大头不再是固定的分红，而是期股所对应的公司净资产的增值部分。

这种股权激励方式，激发了员工工作的积极性，同时也激发了他们的潜能,也帮助华为安全度过了发展史上的第一个冬天。

2008年,美国次贷危机引发了全球经济危机,世界经济遭到了重创。为了应对经济危机,华为又推出新一轮的股权激励措施。2008年12月,华为推出"配股"公告,涉及范围几乎包括了所有在华为工作时间一年以上的员工,此次配股的股票价格为每股4.04元,年利率逾6%。在这次配股中,华为实行的是不同工作级别匹配不同的持股量,级别越高的员工持股率越高,但是有上限。大部分在华为总部的老员工,由于持股已达到其级别持股量的上限,并没有参与这次配股。这次股权激励是华为内部员工持股结构的一次大规模改造,配股规模在16亿~17亿股。

正是由于这次大规模的股权激励,所以,华为轻松度过了这次经济危机。

华为正是靠这种全员持股的方式来激励员工的斗志,让他们变成企业的主人,人人为家而奋斗,这正是华为能够如此强大的重要原因之一。

华为的事例告诉企业管理者们,股权激励对企业发展是有很大的促进作用的。

采用员工参股的方式,具有许多优点,如可以促使员工更加关心公司,减少浪费,并激励员工更加努力工作;增加员工的个人收入;减少优秀员工的流动率;企业也可获得一定的发展资金等。欧美企业所使用的员工参股方式,在经营中取得了一定的效果。

奔驰公司的特罗皮奇证实说,奔驰公司实行的盈利股票加职工股票的做法是增强员工同企业相关意识的两个手段。他强调说:"这两个手段起到互补作用。一年的盈利股票由于是当年支付红利,因此起着短时间的刺激作用。而职工股票是对企业的投资,多数是长期的。这样的投资促使员工关注股票行情,他们会因为股票行情的变化而担忧或高兴。"

作为企业管理者,如果想提高员工的劳动积极性,不妨采用股权激励的方式,让更多的员工成为企业的主人。

大胆放权：
信任是最好的尊敬

> 万科不培养接班人，只培养职业经理人。

　　海底捞成功的奥秘在哪里？我认为黄铁鹰的总结重点在一段话：养而不爱如养猪，爱而不敬如养狗。而人呢，只给吃和爱是不够的，还需要尊敬。什么是对人的尊敬？见老板鞠躬给领导鼓掌？那是对地位和权力的尊敬。对人的尊敬是信任。信任你的操守，就不会把你当贼防；信任你的能力，就会把重要的事情委托给你。人被信任了，才会有责任感。而信任的唯一标志就是授权——海底捞给予火锅店的普通员工物质回报，还给他们信任与授权，让他们一同收获幸福感和成就感。

　　信任不是说出来的，而是做出来的。张勇在海底捞公司的签字权是100万以上；100万以下是由副总、财务总监和大区经理负责；大宗采购部长、工程部长和小区经理有30万元的签字权；店长有3万元的签字权。黄铁鹰说："这种放心大胆的授权在民营企业实属少见，但我认为这都不是最重要的授权，海底捞最重要的授权给予了基层的服务员——不论什么原因，只要员工认为有必要，都可以给客人免一个菜或加一个菜，甚至免一餐。"

这个小细节体现了"海底捞"管理的奥秘。从服务员干起的老板张勇明白：一个餐馆不论其名气或者装潢，客人从进店到离店，始终只跟服务员打交道，所以餐馆客人的满意度基本掌握在跑堂员工手里。怎样才能服务好客人？那就要善用这些在现场的普通员工，多发挥他们的才智。做法很简单——授权，给他们做决定的权力。德鲁克认为，企业的员工是否是管理者并不取决于他是否管理别人，所有必须坚持自己的目标和标准进行决策，并对组织做出贡献的员工，实际上都在行使管理者的职责。显然，在海底捞的管理体系中，每一个基层服务员都是一个"管理者"，对服务品质有关键的影响，对公司至关重要。

每个员工都是管理者的"餐馆"，显然就具备了不可复制的核心竞争力。这就是一些餐馆使劲从海底捞挖人，试图抄海底捞的模式，却抄不出结果的真正原因。真正的核心竞争力是难以复制的。这也从侧面印证了IBM前CEO沃森提出的原则："就经营业绩来说，企业的经营思想、企业精神和企业目标远远比技术资源、企业结构、发明创造及随机决策重要得多。"

万科文化提倡平等、契约、分享、包容，其核心是尊重人，我们尊重每一位员工的个性，尊重员工的个人意愿，也尊重员工的选择权利。人才是万科最重要的资本，27年来，我们走出了一条会聚人才的道路。但从海底捞的管理案例中我看到，这家新型企业后起之秀的管理理念和管理方法中，有许多值得万科尤其万科物业借鉴学习的地方！

——摘自《王石：〈海底捞你学不会〉推荐序》

延伸阅读

对于一个企业管理者来说，懂得分权与授权是十分重要的事情，而职业管理人也成为企业能够健康发展的重要决定因素。其实，万科早就意识到了这一点，在1997年万科就确立了全面培养职业经理人的管理思路。对于这一点，王石曾说万科想通过实践，培养职业经理队伍。中国大陆目前不是缺少老板，不是缺少有产者，而是缺少职业经理人，缺少律师、会计师、设计师、规划师——万科致力于培养的是职业经理人。而为了促使这一目标的实现，万科加快了业务架构的调整，完善了分权和授权机制，并且建立了完善的投资、决策专业委员会运作模式，目的就是给职业经理人搭建运作良好的平台。

Business Develop

高效能的秘诀之一是授权，将工作交给别人做，使我们从实际操作者变成了管理者，从自己动手变成了控制其他人的活动。而企业最需要授权的是职业经理人，对于企业管理者来说，能找到一个合适的职业经理人，无疑是寻找到了拉动企业前进的马车。

在人才的使用上，马云也十分看重职业经理人。从创业的那一天起，他就对十八罗汉说："你们只能做排长、连长，军长我另请高人。"阿里巴巴上市后，除他本人外，获得股份最多的不是跟随他8年的十八罗汉，而是从百安居空降过来的CEO卫哲。卫哲到任后，马云大胆授权、分权，为卫哲发挥个人主观能动性提供最好的平台，而卫哲也没有辜负马云的厚望，为阿里巴巴的发展立下了汗马功劳。

一个企业最重要的是找到合适的职业经理人。在很长一段时间里，中国并没有适合职业经理人生长的土壤，每一个老板都认为自己是最聪明的，不愿意分权与授权，于是职业经理人无事可做，形同虚设。企业员工也不认同，认为职业经理人不是老板，说了也不算。老板不放权，员工不认同，职业经理人很难有所作为。要想让职业经理人有所作为，企业管理者就要懂得搭设职业经理人运营平台。那么，管理者怎样做到合理、有效地给职业经理人授权呢？

1. 克服害怕授权的心理

很多时候，管理者对职业经理人顺利完成交办的任务信心不足，放心不下，也害怕授权会削弱自己在组织中的地位，正是这些心理导致了有些管理者害怕授权。所以管理者首先必须克服害怕授权的心理。

2. 授权要与目标相联系

授权要以组织的目标为依据，分派职责和委任权力时都应该围绕着组织的目标进行，只有实现组织目标所需的工作才能设立相应的职权。另外，授权本身要体现明确的目标：分派职责时要同时明确下属需要做的工作，需要达到的目标和标准，对于达到目标的工作应如何奖励，等等。

3. 明确权责，保证权责一致

职业经理人履行其职责必须有相应的权力。责大于权，不利于激发职业经理人的工作激情；权大于责，可能使职业经理人滥用权力，最终增加管理者管理和控制的难度。

4. 对授权进行反馈与控制

为保证职业经理人能及时完成任务，了解职业经理人工作进展情况，管理者必须对职业经理人的工作不断进行检查。授权还要强调控制，措施包括给合适的人选授予合适的任务；跟踪监控；及时提供必要的过程帮助；及时评价总结，并进行适当的奖惩。

墙脚挖不倒，企业才是真的好

> 如果挖墙脚让一个企业倒闭了，只能说明这家企业不堪一击。

公司能否持续培养优秀管理者、能否向外输出优秀管理者，都是一个优秀企业的能力体现。以后万科要为离职员工提供培训和转岗，以提升其综合能力，这样要离开的同事，无论创业还是转行，都能更有价值。

——2012年7月王石博客文章

延伸阅读

2012年7月13日上午，万科在微博中透露出一则消息：万科集团执行副总裁杜晶已于7月12日向公司递交辞职申请，之后杜晶会去国外办理移民手续。对于这份辞呈，万科集团最终还是接受了，并且万科对杜晶在万科服务10年表示感谢，对他之后的生活表示祝福。

递交辞呈之后的杜晶发表微博："毕业20年，其中10年在万科。今年安迪和妈妈拿到德国身份证，重视家庭的德国提出作为家庭成员的我要一起申请。感谢公司提出的在职国际化安排并给了我两个月的假期考德语、递资料、等面试，思虑再三还是选择告别万科，陪伴家人专心体会人生下一个10年。衷心祝福万科，这里永远让我自豪与骄傲！"

2012年是万科人事动荡的一年，在这一年中，万科不断有高层管理者离职。之前，万科执行副总裁徐洪舸和副总裁肖楠双双离职，杜晶就是从徐洪舸的手中接过集团副总裁的接力棒的。之后深圳公司副总经理陶翀富、深圳公司营销中心总经理罗霆、惠州万科总经理王晓东也相继辞职了。

高层的不断辞职，对万科来说应该是一个不小的打击，但王石并不这样认为。王石认为人才的流动是一件再正常不过的事情，一个企业不应该因为人才的流失而倒闭，否则它就不是正常的企业。在杜晶辞职这件事情上，王石表示要为员工提供培训与转岗，目的是提高离开同事的自身素质。

Business Develop

近年来，世界各国的大企业都在完善企业自身的聘用机制，以吸引更多才华横溢、雄心勃勃的人才。但即便如此，仍有许多人才悄然而去。许多企业发现吸引人才越来越难，因为人才的流动已成为当今时代的一大潮流。

许多企业一边不断地翻新招聘花样来引起求职者注意，一边却听任人才大量流失。持续不断地大量招聘人才，常使企业疲于奔命，甚至出现企业效益下滑。管理者们估计，考虑所有因素，包括因为人才离开企业而失去的关系，新员工在接受培训期间的低效率等，替换新员工的成本甚至高达辞职者工资的150%。而且，替换新员工的成本还不仅限于此，知识也是一种资产，知识型人才的流失对企业造成的影响可能无法预计。人才的流失是任何企业都不能避免的事情,面对流失的员工,企业应该采取什么样的方式去面对呢?答案就是善待。

近年来,"旧雇员关系主管"这个新职位开始在许多跨国公司的人力资源部出现,这个职位的主要作用就是负责保持与离职员工的联系和工作交流。他们会建立离职员工档案,还会邀请他们参加公司组织的各项活动,在公司制订长期发展规划、业务方向和内部管理变动时也会征求他们的意见。最重要的是,公司还会为这些员工提供尽可能多的帮助,包括岗位培训、生活帮助等。事实证明,这种处理问题的方式是正确的,很多离职员工都成了原公司的拥护者、客户或商业伙伴,这对公司的发展有很大的好处。

麦肯锡公司深谙此道,所以他们在维护旧职员关系上投入了大量的资金。麦肯锡公司把员工离职称为"毕业离校",并为这些前雇员创建了"麦肯锡校友录",其中包括所有旧雇员的联系方式、个人基本情况以及职业生涯变动情况。这些离职人员当中,现在有的是上市公司的CEO,有的是华尔街投资专家,有的是教授和政府官员。麦肯锡公司与这些人始终保持着良好的关系,虽然麦肯锡知道让这些离职的人再回来是不可能的,但这些在各个方面都是精英的旧雇员们为麦肯锡提供了很多的商机。

如今,人才流动频繁已经不足为奇,面对离职员工,不同的企业管理者有不同的对待方式。有的企业管理者认为跳槽员工的"忠诚度"值得怀疑,所以,一旦员工跳槽,他们就会对这些员工避而远之,更不会在返聘上下功夫。然而,有的企业管理者则认为要善待这些跳槽的员工,因为即使他们不能再次成为公司的一分子,但也还是有可能为公司的发展出力。

其实,"返聘员工"已经成为越来越多大公司员工招募计划中的一个重要方面,摩托罗拉就是这方面的一个典型。为什么要返聘员工?主要有两点好处。

第一，员工跳槽之后必然会有一番经历，他们的能力可以在不同的环境和工作中得到锻炼，回归之后对公司的忠诚度也会更高。

第二，返聘职员要比招募一个新手的成本低得多。雇用新员工需要支付招聘费用、培训费用和其他相关的业务耗费，而如果返聘员工，这一切都可以省去。

作为企业管理者，不要把过去的员工当成敌人，要善待他们，因为他们一样可以成为企业不可多得的财富。

第四章
要么主动与别人竞争,要么被别人逼着竞争

竞争这东西不是你情我愿的事情,要么去逼死别人,要么被别人逼死。

不争小利争前途，不争局部争全局，
不争现在争未来！

成本控制：
下不来的成本，上不去的竞争

成本控制不解决，是没有竞争力的。

如果在2008年之后的未来两三年的宏观调控中，我们的成本仍然控制不住，那我们现在做的一切都是在为别人做嫁衣，这是什么意思？就是万科实行了住宅产业化，质量提高了，但是住宅产业化做成之后，别人要学是很简单的，尤其从行业来讲，一旦形成一种规模，很多厂家愿意配合你来做，那么其他人下订单，厂家也会愿意给其他人做。但是，人家成本控制比万科好，最后万科只能做一个排头兵，然后被淘汰掉。所以，成本控制不解决，是没有竞争力的。

——摘自《王石说：我的成功是别人不再需要我》，
浙江大学出版社，2013年1月

延伸阅读

万科实行透明的管理模式，不管是在财务上还是在技术上，都是透明的，消费者可以通过一定的渠道知道企业各方面的情况。从中我们可以看出，万科在相当长的一段时间内存在生产成本高的问题。这不免让人质疑万科人存在职业道德问题，曾经就有一个基金分析师就提出了这样的疑问。王石对这一疑问做出了自己的解答。

王石首先肯定的是万科人是不存在职业道德问题的，因为万科的管理制度是非常严格的，事实也是如此，万科发展至今已有20多个年头，从没出现过职业道德方面的问题。既然不是职业道德的问题，那么，万科的问题出现在哪里呢？经过调查发现，万科在成本控制上做得还不够好。这和万科以前的发展模式有很大关系，以前万科走的是高价生产，高价卖出的战略。这样的战略在市场前景好的时候是没有问题的，然而，一旦遇上市场不景气，必然会出现降价现象，这是与生产成本高不相符的。

另外一个原因是万科是房地产开发商出身，它不像中海、碧桂园那样本身就是搞建筑出身的，在成本控制上自然没有这些房地产公司做得好。在成本控制上，万科也做出了自己的努力，比如从名校招毕业生，比如挖来具有丰富工作经验的工程师，比如在设计建造上走标准化路线，这一系列措施都在一定程度上控制了成本。

Business Develop

希尔顿饭店长期以来赢利的一个秘诀就是善于控制饭店的经营成本。在希尔顿饭店里，各部门的服务、盈利可以自行安排，实行权力下放，充分发挥每位工作人员的积极性及知识和技能专长，但是，饭店每天、每周、每月的成本费用必须严格控制。

希尔顿饭店规定，所有经理必须对第二天需要多少位客房服务员、中厅杂役员、电梯服务员、厨师和餐厅服务员做出精确的统计。同时，饭店所需的一切用品要根据实际需求适量采购。每天的用电、用水量都要录入电脑进行成本核算。

希尔顿经常强调，成本费用、财会审批手续要绝对集中，且权限不能下放。一切大的费用项目，如客房、餐厅用品、电视机、火柴、灯泡、肥皂、毛巾、床单、餐巾、餐桌和台布等都要经过希尔顿饭店总部的中央采购部，或纽约和芝加哥的分部审批方能采购。在希尔顿看来，控制成本费用就是要降低成本消耗，增加利润。

对企业来说，降低经营成本是获取利润的一条重要途径，只有控制经营成本才能最大地获取利润。

要控制成本，首先就要建立成本控制的观念。成本是影响企业生存和发展的关键因素之一，成本的高低往往决定着企业的兴衰成败，成本控制是每个企业管理中的重点和难点。德鲁克认为，企业家和管理者要加强组织成本控制，重要的并不是成本控制的方法，而是成本控制的理念。企业能不能有效地控制成本，取决于决策者和管理者建立了怎样的成本理念，绝大多数的成本问题都是观念上的认识差距造成的。

其次，在管理经营成本时，要注意分析经营管理的比率。

1. 最先需要了解的是一组最近几年（最好是5年以上）企业运营的详细数字。这些数字都是最基本的，如销售量、毛利、销售开支、一般费用和行政管理费用、研究开发费用、债务成本和税前利润等。了解这些数字相对于销售量的百分比，再对这些数字做宏观分析，先找出毛利占销售量百分比最高的年份，再找出销售成本、一般和行政管理费用、研究与开发费用和债务成本占销售量最低的年份，如果有可能，还应将了解的数据与其他企业的做比较，从中得出结论为下一步工作做好准备。

2. 做微观分析,确定哪种成本在正常值以内,哪种成本占销售量的百分比不必要再增加。在这一步骤中你应该细分,比如原材料、固定资产损耗、人员工资、其他制造费用等,其他如监督管理费、销售人员工资及佣金、仓库管理人员工资、福利待遇、固定开支、差旅费和招待费等,分门别类,应该想方设法将这些费用降低。

再次,创新永远是成本控制的根本,管理者要提升对成本控制的认识,不断深化成本控制理念,不断创新。创新几乎涵盖企业的各个层面,如技术创新、管理创新和营销创新。企业要通过技术创新降低原料用量,或者寻找替代原料;企业要通过管理创新来提高劳动生产率;企业要通过营销创新增加销量、降低单位产品营销成本,这些方法都可以有效地节省成本,同时也能提高企业整体业绩。

提高竞争潜能：
向一切优秀者学习

> 万科一直在做的就是，通过我们使日本在某些方面的经验在中国得到参考与运用。

作为一个开发商，赚钱并不难，但是将一个健康的生活方式引入社会民众，并且获得共鸣，这是一件非常困难的事情。万科一直在做的就是，通过我们使日本在某些方面的经验在中国得到参考与运用。而他们在建筑理念上对生活品质的追求也是将来中国的趋势，在这条路上我们先行了一步，做了足够的准备去引领和接受未来发展的需求。

——摘自《王石说：我的成功是别人不再需要我》，
浙江大学出版社，2013年1月

延伸阅读

由于民族主义情结作怪，在中国有很多人都以向日本学习为耻。然而，日本在企业发展上确实有很多值得中国企业学习的经验。

王石第一次到日本是1986年，那时的王石还没有开始做房地产，那次去日本给王石留下印象最深的是日本人对工作的态度以及对物品的保护。从那以后，王石就决定向日本企业学习企业经营管理之道。

至于为什么要学习日本，王石有自己的理由。首先是因为日本有很好的工作态度与企业管理经验，其次是因为日本与中国在文化上比较接近，便于学习。在万科发展的过程中，王石一直坚持学习日本企业的管理经验，与日本房地产企业进行深入交流。2006年，伏见总监作为第一位日籍高管入职万科，同时万科招纳了很多日本海归，这带来的不仅仅是日本房地产企业优秀的管理经验，也让很多优秀的日本企业开始与万科合作。从2007年开始，万科明确把出国考察的地方定为日本。

Business Develop

雷军曾说自己在创办小米的时候学习过两家中国公司，第一个是同仁堂，学的是做一个真材实料的公司。第二个是海底捞，学的是它的做好服务与口碑营销。

雷军仔细研究过同仁堂，同仁堂有两句话给了他极大震撼。第一句话被雷军称为是真材实料不偷懒。所以在办小米的时候，雷军也要做一个真材实料的公司。

同仁堂打动雷军的第二句话是你做的事情可能没有人看到，但是老天知道。所以雷军在办小米的时候学了同仁堂的精神，严把手机质量，不管用户了解不了解。这是雷军在学习中国成功的典范同仁堂。

雷军学习海底捞学的是管理文化，学的是海底捞的口碑营销。雷军认为口碑营销的核心是专心把产品和服务做好，这个好就是要超出用户的预期。所以在这一点上，雷军在小米内部常讲小米的目标不是卖多少部手机，交多少营业额，交多少税，赚多少钱。小米真正的考核指标只有两条，第一条能不能做出让用户尖叫的产品。第二条用户买完、用完以后愿意不愿意向朋友推荐。雷军就是依靠这两个理念来管理企业，来生产产品。当然，这种管理理念来自于对海底捞的学习。

雷军的事迹告诉当代的企业管理者，要想让自己的企业尽快地成长，就要善于学习其他企业优秀的管理经验，不管是西方的还是东方的，不管是欧美的还是日本的，只要是优秀的、适合的，都可以拿来运用。

这种学习不仅仅指的是学习他人的先进管理经验，也指打造优秀的学习型企业。事实上，世界上著名企业的发展离不开"学习"二字。美国排名前25位的企业中，80%的企业是按照"学习型团队"模式进行改造的。国内很多企业也通过创办学习型企业而给企业带来了勃勃生机。给人一条鱼，只能让他吃一次；教会他钓鱼，才能使他一辈子不会挨饿。作为团队领导，不但要自己会钓鱼，还要教会员工钓鱼，并在团队中创建一种轻松和谐、相互学习、团结协作、分享创新的氛围，使团队成长为学习型团队，才能使团队在竞争日益激烈的市场大潮中立于不败之地。

有所作为的管理者应该是一个善于学习的管理者，能将自己的企业打造成学习型组织。善于不断学习，是学习型组织的本质特征。所谓"善于不断学习"，主要有四点含义：强调"终身学习"，即组织中的成员均应养成终身学习的习惯；强调"全员学习"，即企业组织的决策层、管理层、操作层都要全心投入学习，尤其是经营管理决策层，他们是决定企业发展方向和命运的重要阶层，因而更需要学习；强调"全过程学习"，即学习必须贯彻于组织系统运行的整个过程之中；强调"团队学习"，即不但重视个人学习和个人智力的开发，更强调组织成员合作学习和群体智力（组织智力）的开发。在学习型组织中，团队是最基本的学习单位。

　　作为企业管理者，要做好两方面的工作，一方面是让员工学起来，这样才能使企业具有更大的生产能力，获得更大的经济效益。组织员工学习，建立学习型组织，对企业而言，只是小额投入，而这种投入带来的回报绝对是惊人的，并且是持续的。另一方面是做好时刻向优秀企业学习的准备，学习它们的先进管理经验，并加以运用，这对企业的发展是大有好处的，可以避免企业在发展的过程中少走很多弯路。

万科原则：
优胜劣汰，能上能下

企业的可持续发展取决于职业经理人的可持续发展。

现在的中国还没有真正的职业经理人。而在中国，企业能不能壮大，中国的民营企业是否能够健康发展，可以说职业经理人起着非常大的作用，特别是职业经理人的道德水平。中国人是具备企业家的冒险精神以及创新意识的，因此，在中国不缺少企业家，缺少的是有足够良好职业道德和职业行为的职业经理人。

万科特别注重职业经理人的作用，把1998年定为公司的"职业经理人年"，对职业经理人进行培训和开发，目的是实现万科职业经理人的可持续发展，进而推动整个公司的经营能力和管理能力的提升。

——摘自任伟《王石如是说》，
中国经济出版社，2009年1月

延伸阅读

万科认为,职业经理人是现代企业生存、扩张的必需要素。基于这一认识,万科在1998年就提出了"职业经理人年",目的是对职业经理人进行培训和开发。

在万科,管理者们已经完成了职业经理人的定位,企业内部的经理人制度也得到完善,甚至已经形成了系统的职业经理人文化。可以说,职业经理人文化是万科独特的企业文化,而职业经理人也是决定万科成败的重要因素。

在市场经济条件下,竞争是激烈的,每家企业都面临着巨大的风险和挑战。而这种压力或决策风险最大的承担者是企业的各级管理者。管理者的责任是重大的,他们要对企业经营管理成效和股东利益负责,同时还要对全体员工负责。这就需要每个管理者充分发挥主观能动性,让企业战略目标得以实现。

为了达到这样的目的,万科建立了完善的职业经理人制度。万科在职业经理人的素质要求上是吹毛求疵的,选择原则是"优化组合、优胜劣汰、能上能下"。同时,万科还对职业经理人进行定期业绩评价,并兼用其他辅助手段,对职业经理人进行检验和评价。万科还针对职业经理人制定了完善的奖惩制度,将业绩直接与职位积分和工资、奖金等挂钩,积分又直接与职业经理的职位升降挂钩。在万科,优秀的职业经理人将被公司长久留用,而不合格的则会被公司淘汰。

为了对职业经理人进行培养,提高其水平,万科积极给职业经理人提供培养的条件和机会。

首先,公司会设计各种提高职业经理人自身素质的培训,安排职业经理到有声望的专业院校进行专业研修,或者是参加高级培训,目的是提高职业经理人的管理和专业技能水平。

其次,公司对于职业经理人寄予期望,为了帮助职业经理人逐步提高自己的管理水平,公司为职业经理人逐步设立越来越高的目标,以此来激发职业经理人的潜能。

Business Develop

现代企业的发展,离不开好的管理,而在企业中处在职能层和战略层的职业经理人是管理出效益的关键。明基是一个拥有卓越研发能力的国际品牌,在计算机、消费电子及通信等3C产品领域均居领导地位。为了保持持续领先的竞争优势,明基逐鹿公司非常重视人才储备工作,专门在内部设立了取意为"留得青山在,不怕没柴烧"的"青山计划"。

"青山计划"意在为公司储备骨干人才、管理人才,构建有层次的人才团队,使公司更有序、高效和健康地发展。为确保该计划的实施,公司制定了"多出人才、快出人才"的机制。这里的"多"指的是人与事的最佳结合;而"快"指的是人才培养的速度要快。为给人才发展提供广阔天地,明基逐鹿开辟了管理职和专业职"双元晋升"的发展路径,为企业"多出人才"打造坚实基础。"双元晋升"的执行以组织能力的提升为目的,最终目标是实现员工与企业的共同发展。

功能经理—高级经理—部经理—总经理是明基管理职的晋升路径。这一过程塑造了一种从"职业经理人"到"专业经理人"再到"事业经理人"的管理风格;专业职的晋升过程就是实现员工从"老实聪明人"到"双元人才"再到"快乐管理大师"的转变。明基人才的标准是"老实的聪明人",因为对企业而言，忠诚度高、素质高的人才是千金难求的千里马，但如果两者只能选其一，明基更青睐于前者，因为专业技能是可以后天加以培养的。

正是因为持续地推进这种计划，最大限度地保证了人才的活力和连续性，明基逐鹿软件在国内企业信息化管理解决方面才能一直处于领先地位。

由此可见，职业经理人作为企业特殊的人力资本，是企业重要的战略性资源，是企业战略形成与实施的核心力量。职业经理人的能力和观念直接关系着企业未来的战略选择，影响企业未来竞争力的形成。只有优秀的职业经理人才是企业的财富，而优秀的职业经理人是需要培养与开发的，这样才能实现职业经理人的可持续发展。

那么，要在哪些方面进行培训与开发呢？

首先是良好的职业道德。良好的职业道德是职业经理人最基本的素质。这就要求培养职业经理人对企业绝对忠诚的精神，高度敬业的精神，严守公司商业秘密的精神。

其次是卓越的领导才能。职业经理人应该具备卓越的领导才能。职业经理人是战略家，要立足组织的长远发展，但职业经理人的决策不能脱离企业现状，要善于从日常管理实践中找到影响组织长远发展的因素，具备以小见大、见微知著这种从细节中发现问题的能力。同时要善于通过关注企业的日常管理，来了解企业，明确不同管理者的责任，以制定战略和进行决策。

再次是良好的专业素质。职业经理人要具备经理人必备的专业素质，包括良好的管理素质，良好的业务素质。这些都是职业经理人准确判断市场、合理规划，并做出正确决策的基础。

竞争的视界：
今天的最规范，明天的最优秀

> 我们就需要把规范化放在核心的地位，要做中国最规范的企业。

我们最初靠贸易起家，在开放之初的深圳，搞贸易往往需要搞关系、倒批文，钻政策和法律的空子。公司要发展，成就一番事业，就不能再走老路，从现在开始就要规范。中国要进入市场经济，规范是必不可少的前提。我们力图按照国际上通行的惯例来做。从谋求股份制改造开始，我们就需要把规范化放在核心的地位，要做中国最规范的企业。

——摘自王石、缪川《道路与梦想》，
中信出版社，2006年1月

延伸阅读

企业只有走规范化的发展道路，才有可能持续地发展。中国的企业在相当长的一段时间内似乎进入一个恶性循环，小企业长不大，大企业活不长，老企业过不好。小的不说，大的如秦池、巨人等耳熟能详的一批大企业都相继倒下。之所以出现这种现象，就是因为这些企业管理工作不规范，没有走规范化道路。

万科在刚刚起步的时候也存在着管理不够规范的现象。万科前身深圳现代科仪中心的名字只用了一年就更名为"深圳现代企业有限公司"。当时的深圳正在推行企业股份制改造，当时的赛格集团、物资总公司、石化总公司等6家大型国有企业实行股份化。深圳现代企业有限公司也在全力筹备股份化推进工作。此时的万科在顾问公司香港新鸿基证券的指导下，又经过17次的反复修改，最终敲定了招股通函。

这个招股通函要求公司遵循"规范、透明、守法"的原则，针对这条条款，万科管理层产生了分歧，并且还在遵守与不遵守上展开了激烈的争论。一部分人认为当时的大多数企业都是不规范的，整个市场也是不规范的，如果自己走规范的道路，这无疑是一种自我束缚。但是王石坚持同过去决裂，走规范化的道路，这也许是一种冒险，但是冒险带来的是企业的长久发展，因为市场早晚有一天会走上规范的道路。

Business Develop

2012年对于沃尔玛来说，是比较不顺的一年。因为在这一年沃尔玛陷入行贿门。美国连锁超市巨头沃尔玛当地时间2012年11月15日表示，内部有关贿赂外国官员的调查已从海外开始调查。

事情是这样的。2005年9月，一名律师收到沃尔玛墨西哥分公司前高管的一封电子邮件。邮件详细描述了墨西哥沃尔玛分公司如何向中间人行贿，以取得在墨西哥的开店许可。

此后，沃尔玛美国总部旋即派人赴墨西哥调查，很快发现数百笔可疑支出记录，证实沃尔玛墨西哥公司高层先后共支付总额超 2400 万美元的行贿金，并留有书面记录。

据这位高管透露，这种行贿现象已经持续了多年。沃尔玛美国总部曾聘请律师事务所调查行贿事件，但是一直遭到沃尔玛前 CEO 的阻挠。

这件事情距离 2012 年已经有六年的时间。2012 年在 4 月 24 日沃尔玛再次发出声明，强调现任 CEO 迈克完全支持正在墨西哥进行的独立调查，并确保向调查机构提供一切必要的资源。

虽然沃尔玛公司开始了行贿方面的调查，并且一再强调"绝不容忍在公司经营的任何地方、任何层面出现违反《反海外贿赂法》的行为"。这样的亡羊补牢的措施虽然起到了一定的作用，但是行贿事件还是对沃尔玛造成了一定的影响，这件事情发生后不久，沃尔玛股价已从 62 美元的高位跌至 57.77 美元，市值蒸发了超过 100 亿美元。此外，沃尔玛还很有可能面临来自监管机构的全球性调查、持续的罚款以及高级管理人员离职等一连串难题。

沃尔玛的事例告诉企业管理人员，在发展企业的时候千万不可对市场保有投机心理，要时刻按照规范化的市场路线走。作为企业管理者，在面对短期利益的时候，要懂得压制内心的冲动，不能为了投机而进行投资，要有长远的目光，追求企业的长久发展。否则，一旦做出与市场规范有悖的事情来，就很有可能受到市场的惩罚，轻则损失利益，重则会导致企业的灭亡。

那么，作为企业应该如何按照市场规范来发展企业呢？

第一，建立系统化、制度化、规范化、科学实用的运作体系。科学的运作体系是企业高效运行的基础，用科学有效的制度来规范从领导到员工的行为，这对企业规范化发展是非常重要的。

第二，建构好的企业文化，用好的文化理念来统领企业上下的行为。规范发展的企业文化会让所有人都规范自己的行为，企业发展依照规范化的方向发展就会简便许多。

第三，一切都按照市场规范来运作。市场有自己的规范，这种规范是不受任何人、任何企业左右的，凡是僭越市场规范的企业和个人都会受到惩罚。所以，企业管理者在领导企业发展的时候一定要按照市场的规章制度来。

第四，严禁行贿。当今市场倡导的是公平竞争，行贿必然会打破这种市场发展法则，也是市场所不允许的。而要杜绝行贿事情的发生，特别是对于设立了分公司的大企业来说，要做的就是管理好财务。随着市场经济的发展，企业的财务管理不能还停留在仅仅是事后反映的账务核算上，而应该在正确核算的基础上更好地发挥监督和决策功能，企业应逐步建立有效的财务监控体系，企业管理者应该转变财务管理观念，更好地发挥财务决策职能。一方面要重视财务管理，树立市场观念、利润观念和以财务管理带动其他管理的观念，控制、规范企业的经营行为；另一方面要通过科学的财务分析，形成一整套面向市场的财务管理方法体系，为企业的生产决策提供依据。

第五章
没有过硬的质量,拿什么资本血拼

质量要是掺了水,烧钱都会变得毫无意义。

挫折和失败既是创业路上的**绊脚石**，
又是通向成功的**磨刀石**。
要学会用别人的钱来交学费，
避开一个又一个的陷阱和暗礁。

万科的质量
就是万科的生命

质量才是万科地产的生命线。

  万科已经是世界最大的房地产公司。有没有想保持这个地位？当然想保持。但是有这样一个问题，靠什么保持？靠数量保持还是靠质量保持？这个会有冲突。如果要质量，就可能会降低速度，万科也有可能从第一降到第二。我的态度非常明确，质不过关，量只是过眼云烟，即使成第一了，也很快就会被后面的拉下去。

  ——2012年5月王石在万科股东大会上的讲话

延伸阅读

  万科在王石的带领下，始终以质量为向导进行房地产开发，这使万科在王石管理期间几乎没有出现质量方面的问题。注重质量，是王石管理万科的宗旨，在1995年，王石就发表过一篇题为《质量是万科地产的生命线》的文章，该文在万科内部被广为传阅，并作为万科在建筑质量方面的"纲领性文件"。1996年，万科更是将公司主题年确定为"质量管理年"，在这一年，万科将所有的精力都放在建筑质量上。

万科关注质量的脚步并没有就此停止，2001年，万科启动了"合金计划"，目的是规范质量管理，具体做法是将万科各地公司各阶段优秀管理经验拿来，总结在一起，制定出一套统一的工程质量管理规范。2003年，万科又推行了"磐石行动"，目的是全面提升房屋质量。也是在这一年，万科启动了"珊瑚虫计划"，以及"比目鱼计划"。"珊瑚虫计划"是指要建立高于国家质量标准的房子；而"比目鱼计划"是对万科建房质量进行战略监理的计划。

此后，万科再次重申"质量是万科的底线"。万科的具体做法是：如果质量与速度发生冲突，那么要抛弃速度，保全质量；质量与成本发生冲突时，同样要保全质量。

万科之所以始终把质量当作重要工作来抓，与王石的价值观有很大关系。王石始终把质量当作房地产企业安身立命的根本，始终把质量当作万科地产的生命线，这也是万科能够以最快速度成长的重要原因。

Business Develop

质量是企业管理的基础，也是企业存亡的决定性因素。

要想获得消费者的支持和认同，对企业而言关键是产品的质量。"纯天然、无污染、高品质"，内蒙古草原得天独厚的自然条件使蒙牛牛奶醇厚浓香。为了保证其优良品质，蒙牛创造性地采取了两项举措：一是着眼"净"，在国内第一个建起奶车桑拿浴车间，奶罐车从奶源基地每向工厂送完一次奶，都在高压喷淋设备下进行酸、碱及蒸汽和开水清洗，杜绝了陈奶残留污染新奶的可能，最大限度地保持了草原牛奶的原汁原味；二是着眼"稠"，即着眼香浓，公司在产品生产中添加了"闪蒸"工艺，在百分之百原奶的基础上去掉一定比例的水分,从而使牛奶闻更香、饮更浓。

除此之外,蒙牛还成立了质量控制中心,对产品质量进行全方位、全过程控制。在原料控制中,凡检验不合格的原辅料全被拒于车间之外;在生产过程中,蒙牛制定了高于国家标准的企业标准,将严格的过程质量管理和过程质量控制细化到每个人、每台机器、每个操作规程;在终端控制中实行自检、专检、互检的"三检制"原则,并形成一个层层检验、环环把关的控制网络,确保产品出厂合格率100%。

蒙牛液体奶事业部的王丹讲述了她最初的质量管理体验。王丹进入蒙牛一段时间后,一天班长让她去帮忙摔包。看到一箱又一箱牛奶就那样被倒掉了,王丹觉得可惜,就问摔包的原因,一位负责质检的人员告诉她这批鲜奶有问题。她喝了一口没感觉出来,质检员说:"你不是专业人士,当然尝不出来。"她说:"消费者大多不是专业人士,再说了,又不是牛奶坏了,摔包多浪费?""可我们要对消费者负责。"另一位参与摔包的员工说。

还有一次,蒙牛冰品尝试延长产品线,委托某厂生产速冻水饺。第一批几百箱水饺试生产出来后,于春节前投放市场。但是,牛根生在看市场时买回3种水饺,结果发现,蒙牛的水饺皮厚馅少,味道也不地道。为了确定自己的个人感觉,牛根生搞了一次盲测,将3种水饺标上号码,也不告诉参与测评人员分别是哪家的水饺,尝过后让大家投票。结果蒙牛出售的水饺得票率最低。牛根生当即下了三道命令:

第一,蒙牛水饺立即停售!把投放市场的300余箱水饺全部从经销商、零售商手中返购回来。

第二,今后开发的新产品,不是最好的,未经团队品尝认可的,一律不准上市。同时,有关部门要立即制定严格的《新产品上市流程》。

第三,水饺不挂蒙牛品牌,另外创一个牌子。

半个月后,新产品出炉,再搞盲测,蒙牛速冻水饺夺得第一名。

蒙牛因为注重产品质量,所以获得了广大消费者的青睐,"中国驰名商标""国家免检产品"等就是最好的证明。

质量是企业的生命线,面对竞争日益激烈的市场环境,企业管理者必须树立客户利益至上的观念,尽可能满足客户的需求和期望。这就要求企业尽一切可能提高产品质量,对产品的品质追求零缺陷。因为"差不多就好"、对产品质量妥协,都可能对顾客造成100%的损失,而这也会对公司的信誉造成巨大损失。

把优质变成一种共识

> 万科可以用 3 年的时间，让产品质量不再被强调和鼓励。

对于房地产产业来说，质量就是企业的命脉，是企业生命很自然的一部分。我滑雪将近有 10 年的时间，最近感觉到我脚下的那块板已经成为我身体的一部分。所以，万科可以用 3 年的时间，让产品质量不再被强调和鼓励，因为这已经成为一种共识，是一件完全没有必要的事情。

——摘自《王石说：我的成功是别人不再需要我》，
浙江大学出版社，2013 年 1 月

延伸阅读

近年来，房地产市场低劣建房事件频频被曝光，一场汶川地震，让大家看到了住宅建房的脆弱。2009 年 6 月 27 日，上海一栋竣工未交付使用的高楼整体倒覆，此次事件被网友称为"楼脆脆事件"。2011 年，河南郑州再现"楼脆脆事件"。汇景嘉园小区是郑州市京沙快速路搬迁居民的安置房，投入使用的墙体砖块严重起皮、爆裂。业主用手轻轻一摸墙体，砖块就大面积脱落。施工时未使用完的砖，轻轻一掰就断为两截，用脚一踢，变成了碎渣。

一系列的住宅质量问题被曝光，冲击着消费者的神经，很多消费者对房地产开发商的信任降到了最低点。这种现象出现的主要原因是房地产开发商为了牟取私利而偷工减料，然而这样做无异于搬起石头砸自己的脚，一旦产品质量问题曝光，企业就会顷刻间倒塌。

万科深知产品质量的重要性，所以在建房的时候，时刻把质量放在第一位。王石的理念是宁肯放慢脚步，也要保证产品的质量。为了让注重产品质量的观念深入每一个员工心中，万科制定详细的质量奖惩制度，根据产品质量的状况对奖惩进行了详细的划分。同时，每年的年会颁奖典礼上，万科都设立了质量奖，目的是奖励那些在产品质量上做出突出贡献的团体与个人。针对这一奖项，王石有自己的看法，他首先肯定了这个奖项的积极意义，然后提出要用3年的时间来撤销这个奖项，因为万科要始终把注重质量当作自己的底线，把注重产品质量当成一种共识，所以，不需要再拿出来设立一个专门的奖项。

Business Develop

企业之所以能够生存，唯一的原因就是顾客乐意购买你的产品。这正应了那句话："你让顾客满意，顾客才会让你满意；你满足了顾客的需求，顾客自然也就满足了你的需求。"从这个意义上说，注重质量就是满足顾客的需求。

优秀的产品是企业成功的前提，过硬的质量是产品优秀的必要条件。著名质量管理专家朱兰先生指出："21世纪是质量的世纪。"

一直以来，空调开箱合格率就作为衡量产品质量水平的一个重要标准，所以，追求"开箱合格率100%"就成为每个注重品质的空调厂商共同的课题。

世界知名制冷装备供应商澳柯玛公司，长期秉承"人人参与质量管理，管理在细微处见功夫"的质量管理方针，对空调生产全过程进行质量跟踪、把关，提出"绝不让产品带'病'出厂"的口号。凭借"开箱合格率100%"澳柯玛赢得了零售商和消费者的信赖与肯定。

这就是澳柯玛"产品质量为企业生命"座右铭的有力佐证。

质量第一，是消费者不变的诉求。只有注重产品质量的企业，在与对手的短兵相接中，才能赢得牢固的竞争优势，获得更好的发展。企业生存的好坏是用质量说话的。

对于企业管理者来说，要抓产品质量，就要让注重产品质量成为所有员工的共识。每个员工都是企业的一分子，真正认同企业质量观的员工才能把产品的质量放在工作的重要位置。他们明白，工作中的小疏忽到了客户那里就会变成大问题和大麻烦，为企业带来无法挽回的损失。因此，他们会认真努力地工作，严把质量关。

作为企业管理者，要让全体员工形成"零缺陷"的意识。每个人在每个生产细节都精心操作，秉持"高标准、精细化、零缺陷"的理念，最终就能为企业、为自己赢得良好的口碑，创造更大的业绩。

在生产过程中，认同企业质量观，实现产品质量零缺陷，必须坚持"三不"原则，即"不制造不良品、不流出不良品、不接受不良品"。

1. 不制造不良品——这是每个现场生产人员首先必须保证的，只有不生产不良品，才能使不流出和不接受不良品变成可能。

2. 不流出不良品——作为操作者，一旦发现不良品，必须及时将不良品在本工序截下，并且在本工序内制定处置和防止再发生的对策。

3. 不接受不良品——后一道工序人员一旦发现不良品，应立即在本工序实施之前停止，并通知上一道工序人员。上一道工序人员必须立即停止生产，并追查原因，采取对策，控制流出的不良品。

为质量找借口
就是在自寻谴责

> 企业要想长久地生存下去,就不能以"疏忽"站不住脚的话作为借口。

　　从企业家个人来讲,做企业的,要想长久地生存下去,就不能以"疏忽"这种站不住脚的话作为借口,这实际上是和你的价值观紧密相连的。五六年后,某个报告中说万科的装修房中有哪些致癌物质,王石说一个"我不知道"是没有办法过关的,社会更不会因为一个"我不知道"就原谅我,我自己也不会因为一个"我不知道"的借口而不受良心的谴责。不知道就是失察、失职,就是不负责任。

　　　　　　　　——摘自《王石说:我的成功是别人不再需要我》,
　　　　　　　　　　浙江大学出版社,2013 年 1 月

延伸阅读

2012 年,"毒地板"事件给万科造成了一定的影响。2012 年,有报道称安信品牌实木复合地板甲醛含量严重超标,而很多开发商都选用了该品牌的地板进行装修,所以很多房地产开发商都受到了牵连。万科也是其中之一。

面对如此严重的质量问题,作为地产龙头,万科并没有选择回避,而是在2012年2月16日率先做出了回应,表态已启动紧急调查程序,势必对这一问题进行严肃追查,并要求安信伟光(上海)木材有限公司就此做出合理的解释。在对结果进行确认之前,万科将不再采购安信品牌地板。对已采购但是尚未安装施工的地板全部封存。而针对已安装的地板,要进行全面复检,并邀请质检机构协助检测。

万科当时就表态,如果经过调查发现安信地板确实存在问题,公司会一力承担所有责任,并充分维护客户的合法权益。

调查的结果显示,安信品牌地板有的批次甲醛释放量超过合同约定标准5倍,长期在安装这样的地板的环境中生活会诱发多种疾病,对人们的健康是一种严重的威胁。就这起事件,王石在微博中表明态度:"16日从网络上获悉质疑安信地板产品的甲醛(有毒)含量严重超标的文章,当即启动紧急调查程序,并对已采购尚未安装施工的该品牌地板进行封存;之前使用产品情况全面向公众披露,直至事件完全解决。一旦发现产品问题,万科将承担全部责任,维护消费者权益。即使是1%的差错,对消费者就是100%。"

Business Develop

三鹿集团是河北一家有着50多年悠久历史的乳品企业,它生产的婴幼儿奶粉价格相对低廉,是广大处于中低层经济水平家庭的育婴首选产品。长期以来，三鹿集团不仅拥有稳定的消费市场，而且多次获得政府嘉奖，深受消费者好评。2008年1月，三鹿集团开发的"新一代婴幼儿配方奶粉的研究及其配套技术的创新与集成项目"还荣获国务院授予的代表我国科技发展水平的最高奖项——国家科技进步奖，登上了国家最高科技的领奖台，成为中国乳品行业的骄傲。可就是这么一家顶着无数光环的老牌企业，最终因为产品质量问题推卸责任，从高高的领奖台上摔了下来，再也没能爬起来。

原来，三鹿集团为了牟取暴利，在农村奶粉市场方面采取了低价倾销战略。为了节约成本，三鹿集团选择了添加大量廉价"大豆蛋白粉"的奶源，而这些所谓的"大豆蛋白粉"实为伪造蛋白质的化学原料三聚氰胺。三聚氰胺是一种三嗪类含氮杂环有机化合物，作为化工原料，广泛运用于木材、塑料、涂料、造纸、纺织、皮革、电气、医药等行业，由于它含有更多的氮原子，常常被用来伪造高蛋白产品。实验表明，三聚氰胺主要影响泌尿系统，可能导致泌尿系统结石等。据新华网报道，三鹿集团从2008年3月份开始就陆续接到消费者投诉，却未给予足够重视，未能及时弥补自己缺失的社会责任，而只是草草了事，直至同年9月份被大规模曝光。

2008年9月11日上午，甘肃省卫生厅首次披露该省内59名婴儿肾功能不全、1人死亡的情况，经调查发现他们都是吃的同一个牌子的奶粉。在湖南、湖北、山东、陕西、安徽、江西、江苏、河南等省也发现多个相似病例。11日晚，卫生部称，近期甘肃等地报告多例婴幼儿泌尿系统结石病例，调查发现患儿多有食用三鹿牌婴幼儿配方奶粉的历史，并高度怀疑石家庄三鹿集团股份有限公司生产的三鹿牌婴幼儿配方奶粉受到三聚氰胺污染。

问题发生以后，三鹿集团不但没有意识到自身的错误，反而把责任推给所谓的"不法分子"——奶农。此外，三鹿集团上下其手，试图拉政府部门下水，用300万"摆平"百度，要求后者帮助隐瞒真相、平息事态。三鹿的这种做法激起了人们更大的愤怒与更多的谴责，三鹿集团也在这种不负责任的姿态中逐渐走向灭亡，面临被收购、重组的命运。

现代管理学大师彼得·德鲁克认为企业存在于社会的目的是为客户提供优质的产品和服务，满足客户的需求，而不是一味追求利润最大化。换句话说，企业的第一任务是承担责任，其次才是赢利。谁违反了这个原则，谁就可能会被市场淘汰。

社会是企业赖以生存和发展的土壤，企业只有心怀社会、勇担责任，才能为自身的发展赢得更多机会，相反，如果企业缺乏责任意识，在出现质量问题的时候逃避责任，那无异于自断手足，甚至是自掘坟墓。作为企业管理者，应该做好迎接各种危机的心理准备，同时在生产的时候始终把质量放在第一位。对于任何一个企业而言，其社会责任最直接、最持久的体现便是严格遵守行业规范，竭力为顾客提供最优良的产品与服务，做好社会大分工里的本我角色。如果产品的质量出现问题，企业管理者最应该做的事情就是不推卸责任，同时以公平积极的态度对事件做出处理，如此才能重新赢得客户的信任，否则，企业将面临的就只有灭亡。

第六章
谨慎前行：放慢脚步是为了更远地

短期竞争那就跑快一点儿，但做好万科不是一个短期的事儿，所以还是走慢一点点，至少可以走得更远一些。

只要走出第一步就离目标近一步，
只要开始就是在接近梦想。

不疾而速：
任何时候都不可头脑发热

> 任何时候都不可头脑发热，只有头脑不发热，才能理智地控制住发展的速度和节奏。

今天不谈成功，只谈失败与教训。一个企业、一个人对社会的贡献体现在直接产品能提高人们的生活质量，另一方面是用你的失败让人少走弯路，为社会减少浪费，节约财富。我不想给人王石干什么都很成功的概念，事实上，我也有过许多失败和教训，我很愿意看到年轻人因为我的失败而戒去浮躁，少走弯路，因此我愿意与人共享失败。我是商业人，只是一个明白的商业人所图的利应当是社会的平均利润，做生意只能这么脚踏实地一步一个脚印地走。任何时候都不可头脑发热，只有头脑不发热，才能理智地控制住发展的速度和节奏。

——摘自王石语录

延伸阅读

　　王石是一个很注重企业发展节奏的管理者，这一点与做财务出身的郁亮有很大的不同。郁亮追求的是资产的规模和周转的速度。2004年，万科完成了权力的交接，王石把企业管理大权交给了郁亮，而郁亮一上任就开始了万科急速扩张的道路。有数据为证，2004年万科的销售额只有91.6亿，然而到2011年，仅7年时间，万科的销售额就达到了1026亿，这是其他很多同行都难以望其项背的。

　　这种急剧扩张的发展模式显然是一把双刃剑。一方面，此战略确实壮大了万科的实力，使万科在四大房企里遥遥领先。然而，另一方面，万科此时也面临着比以前更加复杂的处境，主要是产品质量问题。过度强调快速发展，必然会在质量上有所欠缺。因为房屋质量问题，上海万科金色雅筑项目和深圳万科金色领域项目先后遭遇业主送花圈维权。2012年的"毒地板"事件也对万科造成了不小的冲击。

　　一系列事件把万科推上了风口浪尖，在外游学一年的王石突然回到国内，并且声称"万科要开始进入平稳发展模式"。王石虽然这样说，但万科表示总的发展方向不会变，这显然是新旧两代管理者在发展节奏上出现了分歧。对于这种分歧，郁亮给出的解释是："在战略上没有根本分歧，但做法上有一些不同意见。比如有段时间我说可以利用资本市场更快地发展，他说资本市场不一定可靠，要找到不依靠资本市场发展的模式，我就说有机会我们就要用，没有机会就算了。他说，我们要注意这些问题。这中间，我们也找不依靠资本市场发展的路径，在公司发展速度上，快和慢我们是有些分歧，但大的方面不会有。"

虽然如此，王石还是认为万科要控制好发展的节奏，他甚至发出警告说："如果万科一意以利润为导向，那么后千亿时代可能面临覆灭式的危机。"王石这样说并非危言耸听，在高速发展的背后，万科确实存在很大的隐患。财报周报显示，万科2011年3季度末的2832亿资产规模中，就有2236.5亿元来自负债。

王石注重保持企业的发展节奏是有一定道理的。他认为企业要想更长远地发展，就要建立和执行成熟的企业运行机制。任何企业的发展都要善于保持好自己的节奏，否则是要付出代价的。

Business Develop

作为中国房地产业的一匹"黑马"，自1994年成立以来，顺驰一直保持着几何式的扩张速度。2003年7月，顺驰召开蟒山会议，决定要成为一家全国性的房地产公司。从当年9月起，顺驰在华北、华东和华中等城市疯狂拿地，以速度与大手笔获得"天价制造者"之称。

2003顺驰提出年销售额40亿元的计划，目标是当时房地产行业的龙头万科；2004年，顺驰又提出年销售额100亿元的目标，当时的万科与富力地产加起来的年销售额还不到100亿元；2005年，顺驰的目标是比2004年翻一倍，达到190亿元；2006年则为400亿元；2007年要达到800亿元。

顺驰的目标就是3~5年做成一个千亿元级的企业，5~10年成为中国10强、世界500强，有这样的想法，顺驰是疯狂的。

现实中，顺驰的扩张速度甚至比自己的规划更快。2004年，顺驰在天津、北京、上海、南京等16个城市同时开工，并计划进入西安、昆明、杭州、广州等主要城市及周边二、三线城市。此时的顺驰占地面积已达1347

万平方米，建筑面积近1450万平方米。数字是抽象的，如果具体一点儿来说，拥有这么多的土地，即使是一个大型房地产公司，也要10年的时间进行开发。

劲头十足的顺驰，在当时受到很多企业的追捧，甚至有人称顺驰为"发展中房地产企业的希望"。但是，顺驰超速扩张的背后存在很大的隐患。

有这么多的地，就要投入大量的资金，然而筹集如此多的资金十分困难。为此，公司提出所谓"缩短从现金到现金"的商业模式，通俗一点儿来说，就是用一个项目的回款来补另一个项目所需的费用。这种融资方式可以缓解资金压力，但稍有不慎就会给企业带来灭顶之灾。

然而，顺驰为了拿地，不惜抬高地皮价格，导致土地成本不断上升。为了收回成本，顺驰就走高端路线。"世纪城""蓝水假期""半岛蓝湾"等多个高档项目同时亮相，产品价格比周边地区每平方米高出1000~2000元。如此，利润虽然提升了，但是资金周转的速度也降了下来，这样一来顺驰的资金链更加紧张。

最终，到2006年，尽管到年底公司就有30亿元的销售回款入账，但仍拖欠10亿元的土地出让金和工程欠款。为了补上这个资金缺口，孙宏斌不得不以12.8亿元的超低价把55%的控股权卖给香港路劲基建公司。

由此看来，顺驰的问题不在资金上，而在于没有把握好企业扩张的速度，没有掌控好企业发展的节奏。任何一个企业的发展都是这样的，不能片面地求快、求速度，进而丧失企业发展的本来节奏。就像河南建业CEO胡葆森说的那样："企业在做百年老店的过程中是不需要冲刺的，当然遇到机会的时候需要加速一下，但从心态上来讲一直要保持匀速前进。"

保持自律：
头脑清醒才能明辨方向

中国目前对房地产行业的调控方向是正确的，房地产企业必须加强自律才能有利于整个行业的长远健康发展。

很多人在谈到中国的房地产市场时总是指责房地产企业缺乏道德，但实际上，伦理道德的缺失目前不仅仅是房地产行业的问题，而是整个社会在经济高速发展的环境下所共同面临的问题。

现在的房价居高不下，是由多方面的因素决定的，行业政策、土地政策等多种因素决定了房价居高不下。这么来说，高房价的责任不完全在房地产商，但是不可否认的是房地产行业自身也确实存在着问题，最大的问题是整个房地产行业仍旧缺乏自律精神。

对于房地产行业来说，地产商是需要自律的。首先，不管为用户提供的是有形的产品，还是无形的服务，质量始终都是最重要的。其次，房地产企业在追逐商业利润时也需要保持自律的清醒，不能因为贪图暂时的利益而伤害了整个市场和消费者，否则，最终连企业自身也会受到伤害。

目前国家对房地产行业的宏观调控方向是对的，我对于抑制房价举双手赞成。如果不对房价进行控制，而是任由房价继续上涨，那么，房地产泡沫就会不断膨胀，而曾经发生在日本和美国房地产市场的危机就可能在中国上演。在这种宏观调控中，可能会有一些不尽如人意的地方，但我们还是要承受起来，并从积极的方面去理解、去接受，因为中国房地产行业的健康不光对我们房地产企业自身有利，对其他行业，甚至是整个经济都有利。

——2013年"哈佛中国论坛"王石答记者问

延伸阅读

2009年至2010年年初，全国房地产市场整体上出现了一些积极变化。但部分城市房价、地价又出现过快上涨势头，投机性购房再度活跃，需要引起高度重视。为进一步落实各地区、各有关部门的责任，坚决遏制部分城市房价过快上涨，切实解决城镇居民住房问题，2010年4月17日，国务院就有关问题向各省、自治区、直辖市人民政府，国务院各部委、各直属机构下发国发10号文件的通知。这就是房地产宏观调控新国十条。

这次宏观调控被称为是史上最严厉的楼市调控，然而，即使如此，也没有让开发商们赚取暴利的激情消减。很多房地产开发商认为，国家的宏观调控起不到任何作用，房价还是会一直走高，不会走低。在这种心理支配下，很多房地产开发商继续肆无忌惮地扩张，疯狂地拿地，甚至有的开发商还公然与国家的宏观调控相对抗。

此时的王石是睿智的，他看到了国家宏观调控的力度，同时他认为作为房地产开发商应该自律。所以，新国十条一出台，王石就积极响应，率先对北京的一些楼盘进行降价，有的楼盘价格甚至低于周边的经济适用房价格。王石不但自己响应，还多次奉劝同行要自律，不要做出与宏观调控相悖的事情，否则，有可能出现更严厉的宏观调控手段。

其实，王石一直是一个懂得自律的房地产开发者。在 2007 年底到 2008 年初，国家就对房地产市场进行了一次调控，此时的王石抛出房地产拐点论，并且率先开始降价促销。王石的这一做法不但得到了政府的肯定，而且得到民众的一致赞扬。如果不是金融危机导致这次宏观调控流产，王石将会因为自己的自律而让万科飞速发展。虽然宏观调控没有实施，但万科还是在这次事件中获益颇多。由于是降价促销，所以回笼了大量资金，当房地产市场再次火热时，王石依靠手里的流动资金开展新一轮的经营，又让万科获得了丰厚的回报。

Business Develop

德鲁克认为，企业管理者必须懂得并掌握商业理论。一般情况下，企业处于起步阶段比较注意这一点，但是，在成长起来后，有些企业就开始急功近利，投机取巧，这样的企业注定是不会长久的。所以，企业管理者要重视自律的商业理论，并定期对其进行测试。

作家杰森·布朗比喻得好："缺少了自律的才华，就好像穿上溜冰鞋的八爪鱼，眼看动作不断可是搞不清楚到底是往前、往后，还是原地打转。"有些企业管理者在管理企业的时候，缺乏自律的精神，依靠自己的主观意志来指引企业的发展，最终的结果往往是带领企业走上歧路。

企业经营最需要的是那些遵守规则、自觉自律的管理者：只有这样的领导者，才能带领企业持续发展。企业管理者要提高自己的自律能力可以遵循以下几个步骤：

1. 正确思考

如果不开动脑筋，就不可能把事情做好。如果始终让大脑保持活跃，经常考虑富有挑战性的问题，不断思索需要认真对待的事情，就能培养起有规律的思维习惯，这对控制个人行为很有帮助。

2. 合理控制情绪

著名的作家奥格·曼狄诺说："强者与弱者的唯一区别在于，强者用行为控制情绪，而弱者只会任由情绪主宰自己的行为。"衡量一个人自制力强弱的关键，就在于他是否能够有效地控制自己的情绪。

3. 行为规律化

富兰克林在《我的自传》中，将自制称为自己获取成功的13种美德之一，认为自己之所以能够取得那些骄人的成就，主要获益于"做事有定时，置物有定位"的良好习惯。企业管理者应当像富兰克林那样，使自己的行为规律化。

4. 强化工作习惯

自制力意味着在合适的时间，为了适当的理由去做需要做的事情。总结一下自己的首要任务和行动，看看自己的方向是否正确，培养自制力。

用冷静
换平衡

企业要发展，平衡好各方面的利益是尤为重要的。

我们认为，房地产不仅是国民经济的支柱产业，也是社会保障和长期稳定的基础。中国房地产行业的目标，应当是让每一个家庭都有适宜居住的住宅。这一目标意味着，我们开发商要为消费者提供安全、环保、适于居住和交流的优质住宅。这一目标要求我们做到"三个统一"：增长质量与数量的统一，短期利益与长远利益的统一，开发商利益与社会公众利益的统一。

——2004年万科集团20周年庆典王石发言

延伸阅读

20年，无论是对一个人来说，还是对一个公司来说，都是正值青春年华的时候。过去的20年，万科是善于学习的，它不断向优秀企业学习，学习索尼，学习新鸿基地产。依靠不断地学习，万科逐渐成长为一个优秀的房地产企业。

经过20年的发展，万科逐渐变得成熟。面对将来的房地产市场，万科会变得更加成熟。万科相信，在之后的10年，房地产市场将会变得更加理性，而万科面临的也是一个完全不一样的竞争环境。在未来的10年，按照万科的分析，行业秩序会变得越来越理性，主要表现为土地供应和房地产金融更加规范，政策与法规逐渐健全。

另外，消费者也会变得越来越理性，主要表现为他们不再单单满足于基本生存需要，而是会全面追求更高质量的生活；他们对住宅的要求也不再局限于产品质量，而是转向对居住体验的整体要求。

再有就是市场也会变得越来越理性，具体表现为企业经营将由粗放走向精细，竞争不再单单依赖土地资源，而是体现在综合竞争能力上。

出于这几个方面的分析，以王石为领导的万科提出要平衡各方面的利益，以适应这个更加理性的社会环境，谋求更为长久的发展。

Business Develop

对于企业管理者来说，要想带领企业健康快速发展，就需要具备平衡各方利益的能力。

首先，企业管理者需要做好的是平衡企业内部利益。防止企业管理者背离企业所有者利益的另一个方法是采用激励报酬计划，让企业管理者也能分享到企业增加的财富，鼓励他们为企业最大利益而工作。例如，企业盈利率提高或股票价格提高后，给企业管理者以现金、股票奖励。支付报酬的方式和数量大小，有多种选择。报酬过低，不足以激励企业管理者，所有者不能获得最大利益；报酬过高，所有者付出的激励成本过大，也不能实现自己的最大利益。所以，要做好多方面的利益权衡，才可以为企业发展创造良好的内部环境。

企业管理者的另外一项任务，是在冲突发生时权衡当前的和长期的利益，协调当前的和长期的要求。即使不能把这两个方面协调起来，至少也必须使之取得平衡。团队领导者必须计算为了当前利益而修改团队目标所做出的牺牲，以及为了既定目标而修改团队努力方向所做出的牺牲。团队领导者必须使这两方面的牺牲降到最低，而且必须尽可能快地弥补这些损失。

其次，企业管理者需要平衡企业利益与企业社会责任的关系。现代企业在塑造企业价值观的过程中，必须坚持企业利益和企业社会责任相统一的原则。企业生产经营活动的目的是获取最大的利润，这是企业得以生存和发展的基础，没有企业利润的获得，企业就失去了生存的保障。但是，追求利润并非企业的最终目的，企业的最终目的在于依靠发展事业来提升人民生活的水准，促进社会的进步。企业只有在承担社会责任的基础上追求利润最大化，才会取得长足的发展。这就要求企业不仅要关注自身利益的实现，还要关注自身之外的社会利益，承担企业的社会责任。

所谓企业社会责任是指企业在提高自身利润的同时，对保护和增加整个社会福利方面所承担的责任，即对社会长远目标所承担的责任，既包括强制的法律责任，也包括自觉的道义责任。履行企业社会责任有可能损害企业的短期利益，但它有助于企业的长远利益。另外，企业履行社会责任，有利于树立良好的企业形象。企业拥有良好的外部环境和较高的员工士气，就能更好地促进企业的发展。

这就要求企业管理者有奉献精神。奉献精神是与企业社会责任相联系的一种企业精神。它是指在组织企业经济运营过程中，关心整个社会的进步与发展、为社会多做贡献的精神境界。企业只有坚持公众利益至上，才能得到公众的好评，使自己获得更大的、更长远的利益。这就要求企业积极参加社会公益事业，支持文化、教育、社会福利、公共服务设施等事业。通过这些活动，在社会公众中树立企业注重社会责任的形象，提高企业的美誉度，强化企业的道德责任感。

综上所述，管理者在管理企业的时候要有整体观念，在考虑实施方案所涉及的各方面利益时，要做到局部利益与整体利益、眼前利益和长远利益相结合。例如，在估计达到目标的方案时，既要考虑经济效益，又要考虑社会效益。在权衡方案的利弊得失时，既要考虑到有利无害、有利有害和有害无利三种情况，也要考虑到在有利有害中又有利大于害、利害相当、利小于害三种状况，以及在有害无利中也有害大、害小之分。

暴利下的冷静：
疾风骤雨，还是细水长流

> 企业发展时头脑应该清醒，应该有严格的自律精神。

在房价这个层面上来说，房地产开发商肩上承担着非常大的责任，但是对整个房地产市场来说，房子的价格是由三方面的因素决定的，也可以说是有三方面的责任。

第一个有责任的是政府，因为政府是房地产政策的制定者。房地产是一个非常特别的行业，而人民要想生活，就得人人都有房子住，然而现实的情况是并不是每个人都能够买得起房子，有的人甚至连租房子都租不起。要想解决这个问题，就要政府出面进行整顿。

第二个有责任的是房地产开发商，对于开发商来讲，要尽到自己的社会责任，除了要给消费者提供质量上乘的产品之外，更要在价格上有所作为，不能盲目追求利润。

第三个责任人当然是消费者，房价的调控还有赖于消费者的成熟。至于房价，从开发商的角度来讲，我们承认这几年房价越来越高。不可否认的是高房价与消费者有很大关系，有时候消费者消费理念是不成熟的，他们会追风，房价越高越买，这就导致房价越来越高。

当然，形成高房价的原因有许多，比如说货币政策、金融政策，再比如经济发展周期。然而，这里还有一个重要的决定因素，那就是房地产开发商的诉求。比如说你是在诉求高利润呢，还是合理利润回报呢？如果诉求高利润，当然是房价越高盈利越大，然而一味地追求高利润，房地产泡沫就会有加进的趋势。反过来讲，如果有一种比较理性的自律精神，追求合理的利润率回报，而不是追求暴利，这对房地产经济泡沫是有阻碍作用的。

我作为一个房产商，认为房产商的责任是不要追求高额利润，更不要追求暴利。必须十分清醒地认识到房地产行业在经济发展当中扮演的重要角色。我们应该严格约束自己，严格自律。因为如果一直追求高额利润，一旦最后高额的价格不能支撑的话，首当其冲的是我们自己，所以说要自保。再一个要自律，我们应该有道德，温家宝总理说房产商要流道德的血液，他在告诉我们现在很多房产商身上流的血不大道德。我们应该接受这种批评，这对整个房地产市场都是大有裨益的。比如说疯狂地拿地王，地王出来地价就会上升，地价上升就会追高不追低。这会形成一个恶性循环。

所以在企业发展时头脑应该清醒，应该有严格的自律精神。再一个提到企业公民责任，我们除了给消费者提供保证质量，价格合理的产品外，还要在我们力所能及的情况下履行社会责任，作为房产商，应该从企业公民责任方面入手，考虑如何发展房地产事业。

——2012年《对话全球契约——中国企业责任先锋在行动》王石访谈

延伸阅读

在 20 世纪 90 年代，全国房地产业非常疯狂，因为放宽了政策限制，房地产又是一个暴利行业，所以许多人都趋之若鹜。

这就导致了房地产业的畸形发展，然而越是畸形越是发展，很多房产商都尝到了暴利带来的快感，于是更加肆无忌惮地提高房子的价格，却不知一场暴风雨就要来临。中国房价经历了一轮暴涨，接着就是疯狂的暴跌。1993年 6 月 24 日，中共中央、国务院下发"十六条"，对房地产市场进行调控。一时间房子价格暴跌，许多房地产公司不是倒闭，就是撤出这个行业。

王石在当时就看出这种近乎野蛮的生长是有很大危险的，王石知道一味地追求高利润无疑是亲吻危险，所以万科提出不赚超过 25% 的利润。这让万科在 1993 年到 1997 年间整个房地产事业的宏观调控当中，能够顺利平稳过渡。同时，也是在这次调控中，万科从一个一般的房地产公司发展成为全国最大的房地产公司。

Business Develop

从经济学的角度来讲，不追求高额利润的道理，也是非常简单的。每个行业都有一个相对固定的平均利润率，这样这个行业才能健康发展。如果追求偏高的利润，就意味着要投入得更多。而把投入转成收入的过程是存在风险的，想规避这种风险，就不能盲目追求高额利润，而应以长远的眼光来运作企业。

不可否认的是企业目标是利润，但利润都是有陷阱的，尤其是短期利润的诱惑常常会使企业丧失获得长期利润的源泉。对短期利润的追逐会使企业的有限资源越摊越薄,在人、财、物和精力等方面稀释主业的供给。在越来越专业化的市场竞争中,市场演化速度越来越快,每一个产业链上都会聚了太多虎视眈眈的分食者,且不说短线产品本身所具有的风险,企业即使获得了可以对主业项目形成资金支持的短期利润,其在主业市场的影响力、管理者精力以及综合竞争力的衰减都是不可弥补的损失。

　　追求合理的利润,才是企业稳定发展的真谛。市场是讲究平衡的,当一个企业开始为追求高额利润而进行规划时,事实上就已经失去捕捉未来商机的机会。企业的资源和条件是有限,当所有资源都在为追求高额利润努力时,企业也就全部或者部分放弃了对未来商业的机会的关注。

第七章
没有客户就真的一无所有了

做好客户这一环的企业基本上没有不成功的，反之，基本上没有不倒闭的。

没有解决不了的问题，
只有解决不了问题的人。

客户的小事
都是天大的事

万科要与客户一起成长，让万科在投诉中完美。

万科有一句口号：万科在投诉中完善、成长。过去投诉大都集中在质量、交房日期等合同规定内的纠葛，按行话属红线以内的事，现在投诉的重点却是小区周边的交通噪音、环境污染、学校教育收费过高等红线外的问题。因为投诉在红线外，法律上同开发商的责任关系不大。一段时间因重视不够，引起业主对万科的不满，万科正在全面检讨，形成新的认识：只要业主感到不适，即使法律上与万科没有关系也要积极协调解决，因为会间接影响万科的品牌形象。我还专门去武汉"四季花城"，就垃圾场搬迁问题同业主代表对话。

——摘自王石、缪川《道路与梦想》，
中信出版社，2006年1月

延伸阅读

2002年，万科在武汉的"四季花城"项目开售。而一期规划的房子附近有个垃圾场，距离住户最近距离约800米，最远则为1100米，入住业主随时可以闻到垃圾的臭味，还有很严重的蚊蝇问题。入住业主以这两方面为由投诉万科。

当时的万科武汉分公司在处理投诉时采取了回避的态度，并且心存侥幸，认为此时的垃圾场属于红线外的问题，政府会履行承诺按期关闭。同时，由于这期房子入住率不高，投诉的声势也就没有那么壮大。所以，对这起事件万科武汉分公司采取了模糊处理的方式。

垃圾场搬迁的问题一直延续到2003年底，此时的业主已经难以承受了，他们的情绪十分激烈。这起事件对万科造成了一定的影响，万科也意识到事情的严重性。所以万科一边安抚入住业主，一边动用资金寻求垃圾转运站的选址，同时还在垃圾场治理上投入更多的资金。此时的万科还积极运用媒体，向社会各界表达了万科"同在一方热土，共建美好家园"的愿望。做好这些工作之后，万科开始与政府接触，恳求政府尽早关闭垃圾场。

在万科的不懈努力下，垃圾场于2004年6月30日关闭，对垃圾场内的所有垃圾也进行了全部覆盖。之后，万科又派人与业主一起在关闭的垃圾场上种植约5亩的"万科林"，还在一期牡丹苑、二期丁香苑、三期紫罗兰中种植了栀子花树苗。这起万科投诉事件至此得到了圆满解决。

Business Develop

曾有一段时间，英国一家航空公司发现乘坐该航空公司飞机的乘客越来越少。后经调查发现，乘客越来越少的原因主要是公司不能很好地处理乘客的投诉。而客户的投诉主要是因为这家航空公司有许多的规定没有让乘客知道，乘客在旅行过程中妨碍了乘务人员的工作，乘务人员就责怪乘客。

根据航空公司对客户做的调查，如果对客户的抱怨处理得当，67%的抱怨客户会再次搭乘该航空公司的班机。平均一个商务乘客，一生如果都搭乘该公司的航班，能创造约150万美元的营业额。这样看来，任何能改善客户服务的做法，都是最好的投资。所以，该公司针对客户的抱怨做了以下补救措施：

第一，装设录影房间，不满意的客户可以走进该房间，直接通过摄影机向航空公司总裁马歇尔本人投诉。

第二，耗资679万美元安装一套电脑系统来研究客户的喜好。航空公司就此针对客户的喜好做出理想的服务方式。

第三，设立品质服务专员。航空公司设定服务品质标准，由专门的服务人员监督和实行。品质服务专员的任务就是搜集客户的投诉、分析客户的投诉、解决客户的投诉。

采取以上措施之后，航空公司的客户满意度从45%提升到60%，空载率明显减少了。

作为企业管理者，一旦遇到客户投诉事件，不要刻意回避，要积极寻找方法解决。有时，客户提出投诉是对企业的信任，因为他相信企业能够为他解决问题，同时也是客户在给企业一个补救的机会。也就是说，如果企业管理者此时能够用心地帮助他们排除困难，大多数客户最终会选择留下来。

那么，企业管理者在处理客户投诉时究竟要注意哪些问题呢？简单地归纳为以下几点：

1. 客户投诉的跟踪

无论是客户亲自来访投诉还是打电话投诉，处理时都必须做好记录，每一笔记录都必须跟进完毕。管理层必须每日查看客户投诉的记录，并对超过一天未能解决的问题予以关注。

2. 客户投诉每周总结

每周对客户投诉进行总结，总结各类引起客户投诉的原因，列出赔偿金额。

3. 客户投诉日总结

固定在每日晨会或周会上分享客户服务方面的信息，特别是处理客户投诉方面的经验和教训，使所有人员都知道如何对待客户的投诉和掌握处理客户投诉问题的技能。

4. 定期总结

发掘在处理客户投诉中出现的问题：对产品质量问题，应该及时通知生产方；对服务态度与技能问题，应该向管理部门提出，并加强教育与培训。

5. 追踪调查客户对于投诉处理的态度

处理完客户的投诉之后，应与客户积极地沟通，了解客户对于投诉处理的态度和看法，提升客户对企业的信赖度和忠诚度。

作为企业管理者，在处理投诉问题的时候，要依靠自上而下的配合与努力，而这个"疑难杂症"的解除必将使得客户的满意度、忠诚度提升。维护客户的忠诚是个细致且复杂的工作，需要多方面的努力，而处理好客户的投诉问题绝对是个重要的细节。投诉问题解决了，消费者就会支持企业，企业的信誉度也会因此提高。

超越期望：
意料之外才有惊喜

客户对万科日益增长的期望，
源自对万科品牌的信任。

客户对万科日益增长的期望，源自对万科品牌的信任，源自万科对自身品牌的定位。持续超越顾客不断增长的期望，不但是万科核心价值观中最为重要的理念，也是万科持续发展的基础。可以说，中南巴士事件的启示，正在于此。

——摘自王石、缪川《道路与梦想》，
中信出版社，2006年1月

延伸阅读

2001年4月，中南巴士在万科四季花城开通。然而，巴士的开通并没有让四季花城的业主们兴奋，反而让他们心中充满了怨言，针对巴士的投诉也是接连不断。投诉最多的问题就是发车时间、车次安排不合理，巴士常常中途拉客，不但车票贵，并且服务态度还很恶劣。

2001年8月17日,中南巴士的调度再度出现问题,等候多时的业主在忍无可忍的情况下拦截多辆巴士,造成交通拥堵,并且深圳四季花城业主还与司机发生冲突。2001年8月21日晚8点左右,数百名四季花城业主聚集在深圳万科四季花城中心广场,愤怒声讨四季花城的开发商及物业管理公司,抗议中南巴士公司的花城专线巴士司乘人员殴打业主。

2001年8月23日,王石登上开往四季花城的中南巴士快车,在他看来,"没有调查就没有发言权,即使表态,也应该在调查之后"。之后王石积极与巴士公司以及业主充分沟通,最终使问题得到了圆满解决。

Business Develop

杜拉克曾在其著作《管理的实践》一书中着重强调了"以顾客为导向"的营销理念。有数据表明,大约每4位顾客中就有一位对供应商不够满意,并且不确定今后是否要继续与之合作。因此,满足消费者不断增长的心理期望是企业在营销中的首要任务。

顾客的需求不同,心理期望值就会不一样。近年来发达国家特别是欧美、日本等国,在争夺市场中取得的成功事例说明,把握顾客的心理期望,并依据其期望制定营销策略才能在市场中立于不败之地。

相比之下,我们的许多经营者虽在口头上说"以消费者心理期望为中心",但长期的思维定式在头脑中形成的还是以我为中心的经营观念,对当代消费者心理期望并不了解,所以导致市场越来越小,生意越来越难做。

一位客户去买油漆,导购向他推荐立邦漆,并告诉他这种油漆的质量非常好,5年都不会褪色,不过它的价格是普通漆的两倍。客户觉得油漆不错,就是价格太贵了。导购说:"这个价格不能再便宜了,而且它质量非常好,5

年都不会褪色。"然而，客户是一位饭店老板，5年不褪色对他来讲没有多大实用价值，因为饭店不可能5年才装修一次。

假如这位客户买油漆是家用的，导购告知油漆质量很好但价格偏贵，他应该很乐意购买，因为对于他来讲，5年不褪色是条实用的价值信息。

随着社会的发展，消费者对产品的评价已经不再局限于好与坏，而是喜欢和不喜欢了。如今大名鼎鼎的宝洁公司的产品受到了中国老百姓的喜爱，在中国市场上拥有最大的市场占有额。宝洁公司成功的关键就是，宝洁产品能够从消费者的心理期望入手，在消费者普遍开始关注健康生活的时候，将健康的生活方式、全新的健康理念和可信的健康用品带到消费者身边。

宝洁公司推出的健康生活理念深入人心，向人们发出了善意的问候："你洗头了吗？"——我来帮你洗。"你会洗头吗？"——我来教你洗。"你洗得好吗？"——我告诉你怎样洗得更好。宝洁似乎每天都在我们身边教导我们如何更好地生活。

宝洁不仅教人们洗头，还教中国一代又一代人刷牙，在获得经济效益的同时，获得的社会效益也是空前的，更是长远的。正因如此，当宝洁公司出钱出力聘请广告明星为中国健康协会做"我天天洗头，你呢"的大型广告活动时，竟连自己公司的名字都没有署上，宝洁提倡消费者"天天洗头"，而宝洁又是洗发水的最大卖家，最终获利者依然是宝洁公司。

宝洁公司的成功不是偶然，而是充分掌握了消费者的心理，了解消费群体的心理期望。企业要了解客户的期望值，了解客户期望值的产生和变化。在了解客户的不同期望值后，应有效地设定客户最有可能实现的期望值。

首先要明白设定期望值的目的。设定客户期望值就是要告诉你的客户，哪些是他可以得到的，哪些是他根本无法得到的。最终目的就是为了跟客户达成协议，而这个协议应该是建立在双赢的基础上的。

除此之外，我们还可以对客户的期望值进行有效的排序，服务代表应该帮助客户认清哪些是最重要的。由于人与人之间心理期望值不统一，仅仅依靠企业服务代表去判别消费者的喜好是不够的，我们还要做专业的市场调查。

要想了解顾客不断增长的心理期望，就要深入到顾客当中。一项调查表明，80%的美国企业认为，顾客是其产品创意的最佳来源。从顾客那里获取创意的最好方法就是进行市场调查了解用户对现有产品使用的印象、意见等情况。

如果你为客户设定的期望值和客户所要求的期望值之间差距太大，即使运用再多的技巧，恐怕客户也不会接受，因为客户的期望值对客户自身来说是最重要的。因此，如果服务代表能有效地设定对客户来说最为重要的期望值，告诉客户什么是他可以得到的，什么是他根本不可能得到的，那么最终协议的达成就容易得多了。当企业服务代表无法满足客户的期望值时，他唯一能做的就是降低客户的期望值。提问就是了解客户的期望值的一种方法，因为提问可以了解大量的客户信息，帮助服务代表准确地掌握客户的期望值中最为重要的期望值。

维系客户黏性：
商道之上是诚信

诚信是当下中国企业家最需要研究的商道、商理、商术。

我念一个我想回答的问题，诚信，当下中国企业家最需要研究的商道、商理、商术。是什么我不太清楚，商道、商理、商术，实际上中国的企业家改革开放后，自己做企业，一切都是从头的，你像冯仑他们万通他们每年都有一个"反思日"，总结自己哪儿有毛病，不断地改善自己。总结以后正东西就出来了，这个东西可以理解为道的东西，也可以讲是理的东西。术，就比较简单了，简单来讲是算术，记账、技术。怎么又是道又是理，就是中国的思维模式。

万科来讲，比较简单，我们没有像万通的"反思日"，但是我们每年都有口号式的东西，2011年的口号，就叫作"大道当然，精细制"。每年都换一个，所以不记得是什么。我就记得这个。一个从道的层面，一个从术的层面，我的理解，术的层面实际上就是技术保证，产品的质量，产品的消费者喜欢，同时在成本控制上要好控制。但是这个道来讲就是两个层面，一个是做人要有底线，做企业要有底线。第二，光有底线不够，万科是做产业化，没有和环保结合起来，从质量考虑，发现全球变暖，是碳排放最大的国家，城镇化过程中义不容辞的问题。

——2013年4月王石在中国绿公司年会上的讲话

延伸阅读

任何一个企业在发展的过程中都会面临或大或小的质量问题，这是不可避免的事情。万科在相当长的一段时间内也面临着这样的问题。2012年的安信毒地板事件把万科推向了诚信的风口浪尖，之后深圳万科金色领域业主维权活动持续升级。这一系列的事件把一向注重诚信的万科置于尴尬的境地。

然而，万科在面对这一系列事件的时候，并没有选择回避，而是以诚信的态度进行适当的处理。

其实，万科在王石的带领下一直强调诚信，为了践行诚信，万科没有片面追求发展的高速度，而是在质量上做足功夫。诚信是企业最好的名片，也是企业打开市场的通行证。万科作为中国最大专注于住宅地产开发的企业，受到了客户的高度认可，与其诚信有着很大关系。万科不但在建房上追求诚信，在物业上更是追求诚信，万科物业在万科房地产开发业务中应运而生，伴随着万科集团的成长。经过不断沉淀成长，万科物业已缔造出优质的金牌服务。也正是这个原因，万科物业备受客户推崇。

Business Develop

"人无信不立，企无信则衰"，在现代市场经济条件下，诚实信用就是企业的生存之本,是企业基业常青、建立百年老店的基础。"诚则立,信则久",把诚信放在什么位置,决定着一个企业的经营高度,决定着它能否长盛不衰、永续经营。

多年来,海尔人本着"永远战战兢兢,永远如履薄冰"的经营理念,以市场为导向,以顾客为上帝,不打价格战,将海尔发展成为产品远销全球90多个国家和地区的国际化跨国集团。它被中国企业信誉协会评为"中国产品质量放心用户满意诚信企业",是同类企业中唯一一个获得此项殊荣的企业。

然而,有的企业却忽略了诚信经营这个成功企业核心的理念。诚信危机在日本一些大企业中非常突出。日本火腿、东京电力、三井物产、丸红、西友超市等著名企业相继发生经济丑闻。日本火腿公司是日本肉制品企业的龙头老大,一直深受日本广大消费者的信赖和喜爱。然而,就是这家公司将日本政府因"疯牛病"问题而宣布禁止进口的外国牛肉作为国产牛肉转售给国家牛肉收购机构。同时,该公司还将次牛肉充当上等牛肉销售给消费者。

东京电力公司是日本最大的电力公司,拥有日本一半以上的原子能发电站。核电站的安全管理问题关系到国民的生命安全,日本政府有关部门对此有着严格的要求。十多年来,东京电力公司不仅隐瞒了多起核电站事故隐患,而且还多次篡改核电站定期检查记录,致使政府有关部门不能及时了解核电站运营的真实情况。

日本综合商社三井物产公司涉嫌在政府开发援助项目中采取贿赂、回扣等非法手段获取建设项目,干扰正常的市场秩序,违反了有关法律。日本国税局还查出日本另一家综合商社丸红公司在向阿尔及利亚出口大型印刷机器的过程中,为了获得这批订单,向有关人员支付了数亿日元的回扣。

上述日本著名企业的丑闻引发了投资者和消费者对日本企业整体的信任危机，投资者纷纷逃离股市，致使股价不断刷新19年来的最低纪录；消费者拒绝购买这些企业的产品。市场不包容失信，市场也不相信眼泪。一个企业要在激烈的市场竞争中脱颖而出或处于领先地位，必须在商品质量、价格、管理、服务等方面坚持信用至上，履行诚信承诺，抓好与诚信关联的系统工程。企业只有真正坚守住商业信誉这道大门，才能真正地获得成功。

诚信虽然并不是看得见的实物，但它永远如同传感器一样被客户敏锐地感知。当诚信成为一个企业的标志时，这个企业不仅具有高度的号召力，还会赢得客户的高度信赖。如果缺乏诚信，很可能会危及到企业的前途和命运。

第八章
在模仿中不断创新

模仿再改进是最好的创新,因为这种创新不容易成为空中楼阁。

没人能回到过去来改变今天，却能从今天开始努力去改变将来！

创新哲学：
丢掉过去才能誊手捡未来

一旦一个企业因为过去的成功背上了包袱，要完成创新，要完成转型是非常困难的。

创新不是简单地提升研发费用。我相信郑和下西洋的时候拥有非常强的航海技术，以及编队组织能力，但是为什么哥伦布可以发现新大陆，而郑和却不能呢？主要是因为没有动力。中世纪时，东西方贸易被中东人垄断，所以为了寻找新的航海路线，哥伦布必须去寻找。要想寻找成功，就必须具备两个条件，一个条件是必须相信地球是圆的，相信自己的船队只要是沿着一条路走下去，就一定可以回到原点；二是要有为发现财富而敢于冒险的精神，甚至要有壮士一去不复返的决心。在这两点上，郑和的团队一点都没有，这就是"受到阻滞的领先法则"，意思是指最具适应性、最成功的社会组织，要进行创新是相当困难的。明朝当时是非常强大的，这也是郑和不能发现新大陆的重要原因。也就是说，一旦一个企业因为过去的成功背上了包袱，要完成创新，要完成转型是非常困难的。

诺基亚、索尼之所以有今天的困境,就是因为受到"阻滞的领先法则"的影响。

——2013年王石在中欧创业营课程上的演讲

延伸阅读

当今的许多企业都在倡导创新,并且一直在进行积极的尝试。然而,很多企业一旦创新取得一定的成果,就会待在原地不再追求上进,而创新也永远停在这个地方,企业的发展也停滞不前。

这些企业的通病是在追求创新的时候被过去的成功所累,也可以说是被过去的经验所累。而企业要想取得长久的发展,就必须摈弃这一思想。

万科一直都勇于创新,尽管在发展的道路上高歌猛进,但是它并没有被这种成功冲昏了头脑,而是在成功的基础上不断创新,也正是万科这种不断追求创新的精神,促成了万科的不断前进,成就了万科房地产行业龙头的位置。

万科的创新道路是建立在学习的道路上的,它学索尼,然后进行创新;学新鸿基,然后进行创新;学帕尔迪,然后进行创新。每次创新带来的都是企业的飞速发展,然而万科并没有被禁锢在一种创新的经验里,它始终沿着创新的道路一路向前。

以时间为轴,万科的成长几乎和改革开放同步,万科之所以能从众多的房地产企业中脱颖而出,最重要的一点是万科始终都能在创新的道路上不停跋涉。

Business Develop

企业在创新的过程中,最忌讳的就是满足于现状,满足于当下的成功。

善于创新的企业如同一棵大树，当树枝上硕果累累，产品种类很多，市场反应很好，企业有很大的产值和丰厚的利润，很多企业管理者就会沉醉其中，沾沾自喜，从此丧失了发起下一次冲击的动力。这对企业来说，无疑是一种无形的伤害，长久这样下去，企业发展就会停滞。

英特尔总裁格鲁夫说：在这个快速变化的环境中，面对这么多强劲的对手，为什么我们始终能保持这样的竞争力？因为我们清楚地意识到当今世界唯一不变的只有一个——变化。所以当今世界企业之间的竞争本质上是创新速度的竞争。我们要想有持久的竞争力，唯一的办法就是在创新的速度上比别人更快。

小米之所以能够发展这么快，与雷军注重创新是分不开的。雷军说小米的第一个创新是用互联网方式来打造一个手机品牌，并且几乎全部在网上销售。这种销售方式本身就是一种创新，雷军是想依靠这种方式做出一点点特色来。

小米的第二个创新是什么？雷军认为是遵循"铁人三项"，也就是软件、硬件、互联网服务一体化。雷军一做手机就选择了铁人三项、十项全能，这是小米的游戏规则，雷军是在追求一种综合体验。

雷军所说的小米进行的第三种创新是快速迭代。小米实行的是一周快速迭代，这意味着两天规划功能、两天开发、两天测试，一周工作六天。

小米进行的第四个创新是第一次把手机这个黑盒子打开，跟每个消费者讲里边装的是什么。小米第一次跟用户说用的是夏普的显示屏，甚至小米会告诉消费者小米的电池是德赛和飞毛腿终端的，并且运用的是最先进的锂离子聚合物电池。

雷军在做小米的时候一直在不断创新，同时雷军鼓励员工创新，并且允许员工失败。小米正是依靠不断的创新，为消费者提供了能引起他们购买欲望的功能,所以,小米的销量一次比一次好。

  这个事例表明,只有不断变革、创新,才能使企业永葆青春。物竞天择,适者生存,让故步自封、不思变革的企业被淘汰出局,正是市场上"铁"的法则——市场从来不考虑企业拥有多少年的历史,拥有多么辉煌的过去!只有摒弃自我满足感,注重学习,紧跟市场的变化,才能持续赢得市场的信赖。

  这就对企业管理者提出了较高的要求:注重企业的创新,同时不要沉溺于创新带来的成功,要在成功的基础上不断创新。只有时时追求创新,时时讲创新,在创新的基础上寻找更高层次的创新,企业才能一路向前,否则企业早晚都会被淘汰掉。

拿来主义：
勇敢拿，谨慎用

> 万科基本上是拿来主义，既然是西方来的，那我们就彻底地拿来就好，不要爱面子还要讲洋为中用。

在万科的时候，我是一直坚持公司的制度化建设的，坚持公司治理结构的持续优化，这在那时并不多见。这次到美国，在这方面我又有了一些新的体会。我在不同的场合表述过：第一，现代企业制度是借鉴西方来的，东方文明本身没有这个东西，现代企业制度很重要的一个基石就是契约精神，契约精神同时也需要有法律制度为前提，恰好这些都是中国文化和亚洲文明比较缺失的。

我们看中国的近代，晋商也好、徽商也好，都曾经有过非常辉煌的时期，也出过非常知名的人物。谈到胡雪岩，谈到晋商的票号，你会发现都和现代金融和银行业非常接近。他们就是那种血缘地缘、师傅徒弟的一种信任关系，而不是契约。

建立这样的企业信任关系，这个企业怎么能长期这样延续下去？现在的企业制度建立的信任关系，完全是"职业经理精神"，今天这个人走了，明天换人企业照样运转没有影响。

所以万科基本上是拿来主义，既然是西方来的，那我们就彻底地拿来就好，不要爱面子还要讲洋为中用。在我看来，这个"中用"是需要高度智慧的，首先要有中国文化的修养，同时还要有对西方深刻的理解才能糅合在一块儿。对于我个人来讲，我对中国的很多东西，是没有这样的一个学习机会，所以本人对中国文化的东西，是欠缺的，也可以说就是空白的。

改革开放学习西方的东西，既然是西方的东西，那我们就拿来主义吧。但西方你就学习得很好吗？这就是我为什么又跑到哈佛去，也是觉得自己这些年在国内学得不好，所以就跑到哈佛去。这是我表达的第一个观点。

第二个观点就是，尽管我受的中国传统文化的教育比较少，那是文化修养方面。但是，骨子里你是个中国人，耳濡目染的家庭教育、各方面的习惯、生活的习惯，骨子里还是个地地道道的中国人。所以你的处世方式，你各方面不可能是完全彻底西方化的。这一点在搞拿来主义学习西方的时候，也是一个不能回避的问题。

我到美国去，感受的第一点就是，现在西方，尤其是金融海啸之后，资本主义走到今天，学术界现在是非常深刻地，也是批判式地在思考思维方式的问题。我们过去讲问题，要么就全盘肯定要么就全盘否定。在美国我就在反思，如何对我自己的思维方式有一些批判的思想。

对西方的东西，应该还是要警惕地借用，不能完全地拿来就用。

因为毕竟已经到了21世纪，资本主义制度不可能像宗教似的，一直是万能的，一直持续下去。再往下怎么演变，当然要更警惕地去看。但是问题也非常清楚，我们向西方学习的这个阶段还没有走完，要先走过这个阶段，再走下一个阶段。

——摘自2012年《王石：拿来主义及其反思》

延伸阅读

对企业管理来说，借鉴西方管理的经验，或者是借鉴其他企业的管理经验，无疑是一种优秀的企业管理模式，也就是说拿来主义对企业的发展是大有裨益的。而万科在拿来主义上有自己独特的一套。

万科在发展之初，就由王石带领着合理运用了拿来主义。万科所在地深圳地理位置优越，其中一个先天优势就是与香港相邻，可以很方便地从香港借鉴西方的房地产管理经验。在这个阶段，万科一直在学习，一直在借鉴。

万科最初是学习新鸿基地产的运作经验，并把他们的客户理念、市场研究方式、产品定位等借鉴过来。之后是向新加坡的房地产公司学习，万科的考虑是深圳与新加坡在自然气候环境，以及人口密度上是相近的，所以把新加坡的东西拿来，把万科对客户的认知融入到产品设计当中。万科此举的反响相当不错，将这一风潮带到了内地。再后来，万科开始学习澳洲的滨海文化，如东部海滨的开发。

万科在其整个发展过程中，一直在运用拿来主义，但万科的拿来并不是盲目的，而是在可行的条件下结合自身特点及国内环境调整过的，运用也十分合理，所以才有万科的不断发展进步。

Business Develop

　　拿来主义对很多企业管理者来说，的确是一种管理的捷径。讲到新经济下的拿来主义就不得不提到思科公司。思科公司创立于旧金山，以制造和销售单一的路由器设备起家，经过十几年的发展，如今的思科已经成长为世界顶级企业，全球因特网骨干网络中，80%以上的交换器和路由器是思科产品。

　　思科的成功很大一部分要归功于拿来主义。作为一家新兴高科技公司，思科并没有把大量的资金耗费在建立自己的研发队伍上，而是立足于硅谷，收购面向未来的新技术和开发人员，用来填补自己在未来产品上的空白。思科的拿来主义策略是成功的，这也是它能够先后超越英特尔、微软等著名公司，成为全球最有价值公司的重要原因。

　　拿来主义可以给企业的发展带来很大的好处，但是，一味地拿来也很容易导致失败。"拿来主义"是不错，但是得会"拿"，这要求企业首先明确自身的特点，拿来的东西要根据企业特点进行合理运用。如果只是不切实际地胡乱拿来，对企业的发展只会有害，不会有利。

　　其次，要看拿来的经验中哪些是可以促进企业发展的，哪些不是，前者要留下来，不合适的要果断地扔掉。

　　最后，留下来的经验要结合本企业的实际情况及当前经济形势进行合理调整再运用，不可生搬硬套，否则会造成不可估量的损失。

洋为中用：
创新就是学习没有的

> 对于西方的宗教文化，我们可以不信，但是不能不了解，不知道。
>
> 企业制度的基础是资本主义文化的产物。追根溯源，是基督教新教对资本主义思维方式的影响。再往下就要追到耶路撒冷了。现代企业制度是现代经济体制下企业形态，发端于17世纪的英国、荷兰等国家。此期间统治欧洲社会意识形态的是基督教。16世纪中期由加尔文发起的宗教改革为资产阶级革命提供了理论基础。韦伯的新教伦理与资本主义精神就是论述这种关系的。
>
> ——2011年王石博文分享哈佛留学心得

延伸阅读

王石认为，中国企业要了解西方宗教文化。王石在哈佛求学期间，深受西方文化的影响，特别是宗教文化。

从2007年开始，王石写了《灵魂的脚步》《徘徊的灵魂》《灵魂的台阶》

三本与企业的社会伦理、宗教有关系的书。在哈佛求学期间，王石还选学了宗教法，接触了《宗教如何影响资本主义思维方式》这本书，此书就是谈企业伦理的，在西方影响很大。

在哈佛，王石身边很多朋友都信基督教。经过不断的学习与接触，王石最终明白了宗教的价值，而且他认为基督教的价值观是不错的，如和善对待邻居等。

王石认为了解西方文化，对中国企业的发展是有好处的。如果说改革开放是中国被迫接受西方文化，那么现在就要换一个角度主动去学习。对于西方的宗教文化，我们可以不信，但是不能不了解，不知道。西方的宗教文化不仅仅对个人有利，也是中国企业发展的一种需求。

Business Develop

中国企业去了解西方宗教文化，关键是从中感悟信仰，树立企业价值观。

企业需要价值观的引导。松下幸之助说过，企业规模小时，能做到什么规模要看老板的能力；而企业做大之后，还有多少潜力则取决于员工的胸怀。好的企业价值观能够拓宽员工的胸怀。然而，难免有人要问：老板制定出严格的规章制度，不就能控制员工的行为，使员工服从与执行吗？企业的价值观只是口头上的东西，能够发挥什么作用呢？难道它比制度更强大？

实际上，规章制度对于一个企业的作用非常有限。在企业中，一般情况下，制度并非企业全体员工制定出来的，而是管理者因为目标管理的需要而制定的。组织里的大部分人是被动接受制度，而不是在主观上认同制度，所以，制度只能起到威慑作用，而离我们所期望的自动自发还有一段距离。

手表定律指出，对于任何一件事情，不能同时设置两个不同的目标，否则将使这件事情无法完成；对于一个企业，也不能同时选择两种不同的价值观标准，否则将使企业因缺乏统一的发展大方向而陷于混乱中。美国在线与时代华纳的合并就是一个典型的失败案例。

美国在线是一个年轻的互联网公司，企业文化强调操作灵活、决策迅速，要求一切为快速抢占市场的目标服务。而时代华纳的企业文化则强调在长时间的发展过程中建立诚信之道和创新精神。两家企业合并后，高级管理层并没有很好地解决两种价值观之间的冲突，导致员工根本不清楚公司未来的发展方向和价值观标准。最终，时代华纳与美国在线的合并以失败告终。

管理大师德鲁克说过，要想使企业发展快速稳当，企业必须树立一个统一的价值观标准供员工遵循。

世界大多数成功的企业，除了技术设备优越之外，更重要的是在员工个人价值观与企业价值观融合上的成功——共同的价值观能够促进企业全体员工在对企业的战略、任务和执行的认识上趋于一致，从而提升企业的战斗力。

对一个企业来说，如果员工各自努力的方向不一致，就会缺少合作，影响企业发展，而只有全体员工同心同德、齐心协力才能为企业带来最大的效益。共同的价值观标准是一个优秀企业必不可少的。为此，企业管理者必须建立一个统一的价值观标准，在这种统一的价值观标准指引下，员工才会明白自己要做什么，工作效率才会不断提升，这样，企业的发展之路也会越来越顺。

模仿好了
再创新

企业在发展的过程中可以模仿,但是模仿之外必须要创新。

曾经,帕尔迪一直是万科学习的目标,而它也是美国最大的住宅开发公司,在2007年我们超过了它。中国很多企业一直在走跟随路线,并且这种路线是相当成功的。海尔就是一个例子,它源自德国,现在却已经是世界上最大的家电企业。腾讯也是靠模仿创新起家的,如今也已成为世界上顶级的门户网站。

这种跟随战略的道理可以拿自行车比赛进行说明。在自行车比赛中,团体赛的平均成绩一定会比个人成绩好。因为根据流体力学理论,领骑的人是受阻力最大的人,而处在后面的人一定会跟得非常紧,因为阻力已经被降低了。而相关数据也表明,基本创新成功率仅仅有26%,但是模仿创新成功率却在90%左右,这就是后发所产生的优势。但后发优势的劲头是有限的,再向前走的话就要依靠创新。

改革开放后，中国的企业多模仿，日本企业同样也是这样。在18世纪时，中国茶杯畅销欧洲，同时在韩国、日本卖得也很好。但是，日本很快就不再进口中国茶杯，而是开始自己复制，紧接着欧洲也开始进口日制茶杯。这是为什么呢？因为日本人发现，欧洲人都是高鼻梁，他们在用中国茶具时会碰到鼻子，于是日本人开始模仿创新，他们扩大了杯口，使茶杯更适合欧洲人。

——2013年王石在中欧创业营课程上的演讲

延伸阅读

在模仿的基础上进行创新，这是许多中国企业都在极力提倡走的道路，万科也是这方面的杰出代表。刚开始时，万科学习日本索尼公司，学习索尼的营销方法，学习索尼的售后服务，并在此基础上进行了创新，首次在国内创建了物业管理的概念。后来是学习新鸿基，学习对于专业化的理解，对于客户服务的理解，并在学习新鸿基"新地会"的基础上建立了"万客会"。再后来，万科学习帕尔迪，学习它的跨地域经营、土地储备方式、持续盈利能力、市场占有率、客户细分及关系维护等诸多方面，在此基础上万科又进行了创新，并在2007年超越了帕尔迪。

万科就是这样，一路学习，一路模仿，一路创新，一路超越。在住户在建设上万科也运用了这一战术。万科晶源是以英国精致田园别墅作为蓝本的，却抛弃"红色英伦"的概念，以更具田园意象的"蜂蜜色"来还原英伦精致田园别墅生活。万科白马别墅采用了德式别墅的风格，同时也沿袭其严谨实用的诉求。然而，在户型上万科充分利用景观优势，以庭院为格局，入户花园、大面积露台、阳光中庭、明晰的上中西三重景观轴线，将景观精细化到社区的每一个角落。

诸如此类的万科产品还有很多，万科就是这样，在模仿的基础上进行创新，一个个经典产品的产生，包含了万科的创新思维、创新基因、创新结构和创新内容。

Business Develop

创新是摒弃一味模仿的，一味地模仿只是生搬硬套，而不会根据自己的需要灵活变通。创新又是鼓励创造性模仿的，在对标杆的模仿中，融入自己的创意，根据自己的情况进行变通，可以在模仿中变得强大。

创新有多种形式，它不仅仅指开辟一条前人从未走过的道路，我们也可以尝试走一条别人已经走过的旧路。因为走新的路，通常将遇到更多的障碍，面对更大的风险。留意别人走怎样的路，一定有让你受益的地方，它能让你避免重复别人已经走过的弯路；另外有一些路，很值得你跟着别人一起走，这会让你成功的机会更大，就像大雁互相依靠着飞行一样。也就是说，在某些时候，我们可以模仿别人，以便使自己尽早成功。当当网上书店就是一个很不错的范例。

"对亚马逊的财务报表，我比一些华尔街的分析师们还要熟悉。我会用当当的指标和它一一做对比，最新的结果是，9项指标中我们只有库存周转率不如它。"当当网上书店联合总裁俞渝毫不讳言对亚马逊这个世界最大、最知名的网上书店的模仿和学习。她将当当网比作"学龄前儿童"，而"亚马逊"已经进入"青春期"了。她说："中国古话说得好，三人行必有我师，择其善者而从之。当当不以当学生为耻，因为有的学比没的学要好。"相较之下，当当更在意的是"成功"而不是"复制"。俞渝在实施模仿战略时的心得，即是"要以开阔的心态和眼界去学习，并且在学习中重新建立适合企业本地化生存的新规则"，"用笨方法，从骨子里学"这是俞渝认为当当之所以能够将网上购物这样的新事物，在中国成功推动的"模仿要义"。

三星电子也是通过对电子巨头索尼进行创造性模仿而一步步成长壮大起来的。

从一只"仿造猫"进化为"太极虎"，三星电子又有多少惊世之谜？2004年4月中旬，三星电子公布其2004财年第一季度营业额及总收入，第一季度销售额为125亿美元，营业利润超过34.8亿美元，远远超过索尼2004全年8.13亿美元的盈利预测。但据此认定三星电子超越了索尼，仍为时尚早，从营业额看，2003年，三星电子的总收入为362.8亿美元，索尼的总收入为720.81亿美元。这距离三星电子的"超越"战略——2005年以前全球销售收入增长两倍，从而一举超过索尼——还有差距。不过，这并不影响三星电子作为一个"模仿"神话而成为诸多中国企业推崇的对象。类比三星和索尼，是有点儿"青出于蓝而更胜于蓝"的期待在内。几年前的三星，还是索尼的模仿者，而现在，许多中国企业则成了三星电子的模仿者。

模仿并不是盲目进行的，而是朝着既定目标进行的创造性模仿。如果只是一味地模仿而不加入自己的思想和创意，只能是重复别人的步伐，走不出一条自己的路。就像国画大师齐白石先生说的："学我者生，似我者死。"在最初我们都要经过一个模仿过程，向前人学习优秀之处，吸取他人的精髓，由此才能更好地完善自己。但更重要的是，我们一定要有自己的创造。个性是区别于大众的。个性的差异，构成人生万象的异彩纷呈，由此才谈得上相互学习、相互促进，才能领悟到成功的真谛。

老跟在别人屁股后边学，充其量只会落下"模仿者"之名，必须走出自己的路来。模仿是手段，创造才是根本。因此，企业管理者要根据自己企业的个性，设计一条成功的路线和方法，这才是一个优秀的企业领导者。

自我更新：
押宝也许能让你先行一步

> 国际化对企业来说，是一个不断地自我更新的过程。

万科要走国际化道路，万科的总部人约300人，但基本上30%是海归，而且预计在两年之内总部的海归人员将上升到50%，这就是万科国际化的一个表现。

中国现在是全世界最大的住宅市场，也在迅速地城市化，每年有1300万人从农村移到城市，需要大量的建筑，需要大量的住宅，需要大量的配套设施，这样就得消耗大量的木材。大家都看到必须要做绿色建筑，只不过是什么时候做。从某种角度上你得押宝，万科先走了一步。

——2013年1月王石腾讯专访

延伸阅读

王石淡出万科管理层之后开始了自己的长期海外游学生涯。此时的王石有更充分的时间来学习企业管理，思考企业的发展方向。经过不断地学习与思考，王石确定了万科将来发展的方向，那就是要向国际化转型，向住宅产业化、绿色化转型。

王石虽然一直在国外求学，但他并没有放松对房地产市场的关注。而向国际化转型，是王石带领万科迈出的重要一步。2013年1月23日，万科携手新世界发展在中国香港拿地，这一事件在香港市场引起不小的震动。这是万科走向国际化的重要一步。在王石看来，万科的国际化是一个不断地自我更新的过程。作为董事长，王石依靠个人海外学习来影响企业，这是万科向国际化转型一个潜移默化的动力。

万科的国际化只是一种尝试，万科在这条道路上还在不断摸索。

在国际化的同时，万科还进行着住宅产业化、绿色化的转型。在中国，每年有1300万人从农村移民到城市，这就需要建造大量的房子以及配套设施，这无疑会消耗大量的木材。

王石意识到这样大量消耗木材是很危险的，为此特别向绿色和平组织寻求建议。绿色和平组织安排王石到亚马逊热带雨林生活了一个星期，其间，王石切实感受到了树木被迫害之严重。基于此，王石积极引导万科向住宅产业化、绿色建筑转变。

万科倡导的住宅产业化是指房子的柱、梁、楼梯、楼板、外墙等都在车间里完成，完成之后再运输到现场安装。按照王石的计划，万科整个住宅产业化系统将在2015年完成。在绿色建筑方面，王石的建议是在工地施工好之后，基本封闭现场，这样会在一定程度上降低空气污染。

Business Develop

企业在发展到一定阶段不懂得根据市场进行转型是危险的，诺基亚的失败就是最好的证明。作为一个已成立近150年的国际大公司，诺基亚从巅峰走到低谷，仅用了6年时间，诺基亚的失败跟不懂得转型有很大关联。

现在的诺基亚在智能手机市场，跟三星、苹果iPhone等知名品牌手机没有可比性，即使在低端手机市场，对亚洲竞争对手进行压制，诺基亚也显得步履维艰。2007年，iPhone一面世就抢走了诺基亚的一部分市场份额。诺基亚的利润从原来的35亿美元降为13亿美元，同时诺基亚的市值也在不断缩水。之后仅仅一年的时间，诺基亚市值已被苹果超越。到了2011年，诺基亚市值仅为苹果的7%。同时，诺基亚在本国芬兰市场上的受欢迎程度也锐减。2010年，诺基亚在芬兰智能手机市场的份额还是76%，但是到了2011年就下滑至31%。

为什么曾经这么强大的一个手机生产帝国会出现这样的结局呢？主要是在关键的时刻诺基亚没有做好企业的转型。这正如诺基亚新任CEO艾洛普所说："我们落后了，我们错过了主要潮流，我们丧失了时间。"当诺基亚还在注重手机耐用性和通话稳定性时，苹果手机和安装Android系统的手机已开始为人们提供浏览网页、视频通话、社交网络甚至查股票、玩智能游戏等诸多功能。

等诺基亚明白是怎么回事儿的时候，想改变这种局势，无奈已经是回天乏力。市场竞争是残酷的，只要是稍稍落后，那么就可能永远落后。

诺基亚曾经的辉煌和如今的衰落值得我们深思和借鉴，任何时候都要考虑市场，根据市场完成企业转型，否则给企业带来的只能是灭亡。不但手机行业如此，其他行业亦然。所以，企业要懂得不失时机地完成转型。而在转型过程中，起重要作用的是企业家，企业家是一个企业的灵魂，他的一切在一定程度上决定着企业的生死存亡。新一代的企业家不仅需要敢打敢拼的精神，更需要有目光长远、思路超前、理念新颖、境界崇高的素质。

只有成熟的稳健经营、扎实管理型的全新经营者，才懂得如何让企业顺利完成转型。

在当今这种市场瞬息万变，技术变革不断加速，客户需求捉摸不定的非连续性竞争条件下，企业必须保持其触觉的高度敏感，善于捕获新的机会，适时进行战略调整、业务转型与组织重构等。换言之，适应市场和环境骤变的需要，启动可持续性的企业转型对于国内的企业而言，是一条没有终点的路途。转型虽然是企业取得发展的重要推进因素，但并不是说随意的转型就能取得这样的效果，企业要想实现完美转型，就要充分考虑企业的实际情况与当时的大环境因素，在此基础上进行转型才有可能取得成功。

强调创新
只会阻碍创新

"中学为体,西学为用"的方式现在证明没法走下去。不要刻意强调中学为体,因为这会阻碍创新的发展。

我到哈佛学习,同时开始反思中国传统文化,经过反思我发现自己其实没法丢掉中国传统文化,否则就不是中国人了。明治维新时倡导全面西化,但是日本的传统文化也并没有丢掉,不但没有丢掉,而且日本本土的文化开始在国际上处于优先地位。诺贝尔奖,以及普利兹克奖在建筑方面,获奖最多的是美国人,其次就是日本人,英国处在第三的位置,在中国就只是王澍。王澍在中国传统建筑上苦苦坚守,但他并没有单纯地固守传统,而是将现代的建筑特色与传统建筑特色结合起来。

中国传统文化延续了几千年,到现在还没有被湮灭,说明它有存在的道理,所以对传统文化必须认真学习。在管理方面,我认为没有中西的区别。现代工业与企业管理都是在西方文化影响下产生的,那就拿把它们拿来,进行模仿。等发展到一定阶段,自己已经做得够优秀了再去创新。然而在这个过程中,一味地强调中学为体,就会阻碍创新的发展。

——2013年王石在中欧创业营课程上的演讲

延伸阅读

面对金融危机的冲击,很多国家都把希望寄托在中国身上,他们认为中国的企业是最有能力抗击金融危机的,然而,事实上真是如此吗?

关于企业管理方式,中国企业基本持有三种论调。一种是盲目照抄照搬西方管理方式;一种是全面否定西方的现代管理理念,转为完全依靠中国式的封闭型、大一统的管理模式;而第三种论调是崇尚"中学为体,西学为用"的企业管理模式。

前两种观点都是偏激的,也都是有局限性的。片面照抄照搬西方管理模式,带来的是企业的消化不良,因为企业在模仿西方管理模式的时候,没有与自身的实际情况相结合。而刻意强调中式的封闭型、大一统的管理模式也不利于企业发展,因为这种管理模式是封闭的,是保守的,会阻碍创新的发展。而只有开放才能博采众长,完善自我。第三种论调则是比较理性的,也是比较优秀的。要想建立比较优良的企业管理制度,就需要用辩证的观点来对待两种管理模式,取其精华,去其糟粕。既要学习西方制度化管理的优势,实施组织化、科学化管理,更要吸取中国传统文化中的"和而不同""以人为本"等管理思想的精髓,切实做到"中学为体,西学为用"。

王石在这方面有自己独特的思考,他也赞成"中学为体,西学为用"的管理模式,然而,他同时也强调不要刻意强调"中学为体",因为这样会阻碍创新的发展,创新就要大胆借鉴,不要拘泥于条条框框。

Business Develop

蒙牛集团创始人牛根生说过："凡系统,开放则生,封闭则死。"国家如此,企业如此,人亦如此。

中央电视台的《赢在中国》是我国颇受关注的财经节目之一。这个节目请来马云、牛根生、熊晓鸽等著名的企业家担任嘉宾,吸引了无数怀揣创业梦想的选手前来参选。而这个节目的形成和《赢在中国》总制片人、主持人王利芬在海外学习的经历和思考是分不开的。

几年前,王利芬在美国布鲁金斯协会下的中国中心进行电视研究。一次偶然的机会,她看了 NBC 黄金档节目《学徒》,从而大受启发,开始思考是不是可以借鉴美国模式办一档中国的商业人才选拔的电视节目。

因为眼界开阔,王利芬想到了借鉴国外成功电视节目的好点子,但《赢在中国》最终的成功,还得益于她眼界的开放:完全照搬必死无疑,因为美国《学徒》中的价值观和中国人的价值观并不吻合。经过深思熟虑,王利芬找到了一个中国化的主题——"励志,创业",由此才有"励志照亮人生,创业改变命运"的《赢在中国》的诞生。

王利芬这样表达了她对"开放"的理解:"开放是我们时代的趋势,是互联网的精神,任何一个个体在时代趋势面前都会显得微不足道,常常是时代的浪涛冲刷着那些不开放的障碍,最后开放变得不可阻挡。所以,主动的开放就是弄潮儿,而被动的开放抵抗则是残缺的石岸。"

开放的时代,企业管理者也需要开放。企业管理者不要刻意强调本土管理模式,因为这样做不利于企业的创新发展。对日本的企业管理文化进行研究,我们可以发现日本的企业在管理上没有刻意强调本土管理模式,而基本上都是以西方管理文化为主的。其实,中国的企业管理者也应该这样做,坚持"中学为体",企业管理者要从中国五千年璀璨的文化中去探寻和提炼管理的思想和管理的智慧。同时,大胆借鉴西方的管理经验,真正做到"西学为用"。在实践"中学为体"的时候,不要偏激,不要走极端,不要以条条框框来限制自己,因为这样做无疑是给创新设置了枷锁,添了桎梏,是不利于创新的。

作为企业管理者,在进行企业管理的时候,要充分考虑到中国传统的管理模式,但是不可过分沉溺,要分清优劣。同时,要大胆借鉴西方先进管理经验,培养起优秀的中国式的现代管理制度,如此企业可持续发展才有可能。

第九章
放养式经营：让简约与人本相融合

如果管理企业的人还要花一大堆时间来研究管理条文，那么这个企业已经失去了管理的必要了。

成功就是和失败的较量，
它没有一个固定的模式，
但每个人的成功都非传奇。

放养的效果：
有没有王石，万科都一样

> 如果一旦王石离开万科，万科就稀里哗啦，那这就是一个病态的企业。

登山纯属我的个人爱好。上市公司的高层只要出了事，一定会影响公司的股票，万科也不例外。但是，许多国外的企业家并没有因此放弃他们个人的爱好，比如甲骨文的董事长曾率领他的团队9次夺取美洲杯帆船赛的冠军。

不要把我当工头来要求！不要这样要求一个董事长！

作为董事长，要扮演三种角色，在决策上要确定公司的方向，第二是决策监督任务，第三要有责任去培养新人。如果一旦王石离开万科，万科就稀里哗啦，那这就是一个病态的企业。登山对公司品牌有相应的提高，万科也想借登山做一些事情。作为公司长远的广告形象策略来讲，我的登山无疑对公司品牌是个提升。

——摘自《新华文摘》2008年第五期《王石的自我管理》

延伸阅读

万通董事局主席冯仑说王石是个倔老头,但冯仑也曾由衷地赞叹:学习万科好榜样!万科逐渐成长为中国房地产龙头企业,王石可谓功不可没。但是他又被很多人诟病,原因是作为一家上市公司的董事长,王石一年中有近1/3的时间在外登山、跳伞,玩极限运动等。这在很多股民的眼中是"不务正业"的行为,自然会招致众多非议。但是,王石依旧潇洒,他并不理会这种非议,并在众人的非议下登上了珠穆朗玛峰。

对王石的这种潇洒玩法,很多商业大佬都发表了自己的看法。张宝全把王石称为中国房企的"精神领袖",他认为:"王石的领导方式是独具特色的,他不像是小企业那样进行人盯人的管理,而是实现了'人治'下的'法治'建设,形成了流程管控而不是人力管控。对企业的领袖来讲,最重要的是他的经营思想和所建立的体系。"

张宝全还认为:"王石的行为是可以理解的,甚至是非常优秀的,这是他在企业经营、资本经营方面的独到见解。我们不应该用世俗的标准来评判一个企业家,而应该站在企业战略的高度来对他进行鉴定。"

张宝全如此说的根据是王石虽然喜欢登山等多种运动,并且为之花费了大量的时间,但是万科的发展没有受到任何影响,并且还运行良好,这就说明王石是领导有方的。

但是,地产狂人任志强不赞同王石的做法。任志强认为:"高级管理者必须首先遵守公司制度。我们不是皇帝,不是在经营私人资产,而是受股民委托从事职业经理人的工作。作为职业经理人必须遵守职业道德,这种道德是受制度约束的,是由股民决定而不是你自己决定的。所以我认为王石的行为是违反制度的，是对股民的不尊重。因为他肯定没有事先向股民请示，而股民也没有批准。"

任志强的意思是说，既然在其位，就要谋其政。这样才是一个负责的企业领导者，才是一个对股民负责的领导者，否则，就是违反职业道德的。

面对众人的非议，王石自然有自己的见解，他认为自己不是工头，没有必要干涉所有企业的管理，同时他认为如果万科离开自己就发展不下去，那万科就是一个不正常的万科。适度放养是王石的管理智慧，也是王石能带领万科一路向前的重要原因。所以，王石继续"不务正业"，并且理直气壮。

Business Develop

对于企业管理者来说，懂得适度放权是非常明智的选择。德鲁克认为，任何一个管理者，都没有足够的时间完成他所有想完成的事情。所以，管理者应该学会如何放权让别人去完成一些事情。管理者没必要事必躬亲，尽量减少管理，放手让别人干，才是明智之举。

索尼的老板盛田昭夫就是一个懂得适度放权的人，同样，被他提拔的井深大也是这样的人，他们二人共同创造了索尼的辉煌。井深大刚进索尼公司时，索尼还是一个小企业，总共才20多个员工。盛田昭夫信心百倍地对他说："你是一名难得的电子技术专家，你是我们的领袖。好钢要用在刀刃上，我把你安排在最重要的岗位上——由你来全权负责新产品的研发。对于你的任何工作我都不会干涉，我只希望你能发挥带头作用，充分地调动全体人员的积极性。你成功了，企业就成功了！"

这让井深大感受到巨大的压力。尽管井深大对自己的能力充满信心，但还是有些犹豫地说："我还很不成熟，虽然我很愿意担此重任，但实在怕有负重托呀！"盛田昭夫对他很有信心，坚定地说："新的领域对每个人来说都是陌生的，关键在于你要和大家联起手来，这才是你的强势所在！众人的智慧合起来，还有什么困难不能战胜呢？"

井深大兴奋起来："对呀，我怎么光想自己，不是还有 20 多名富有经验的员工嘛！为什么不虚心向他们求教，和他们一起奋斗呢？"于是，井深大信心满满地开始投入工作。就像盛田昭夫放权给他一样，他把各类事务的处置权下放给各个部门，比如他让市场部全权负责产品调研工作。

在大家的团结协作下，一道道难关接连被攻克，索尼于 1954 年试制成功了日本最早的晶体管收音机，并成功地推向市场。索尼公司凭借此产品傲视群雄，进入了一个引爆企业发展速度的新纪元。

在这个案例中，我们应该注意最为重要的两个环节：盛田昭夫放权给井深大，井深大放权给其他部门。在充分授权下，索尼公司最大限度地发挥出团队的整体作用，调动了每一位员工的积极性，从而取得巨大成功。

这就是放权的魅力。管理者的放权可以营造出企业与员工的信任，让企业的组织结构扁平化，更能促进企业全系统范围内的有效沟通。权力的下放可以使员工相信，他们正处在企业的中心而不是外围，他们会觉得自己在为企业的成功做出贡献，积极性将空前高涨，潜能也被激发出来，他们将表现出决断力，勇于承担责任并在一种积极向上的氛围中工作。在这样愉悦、上进的氛围中，员工不需要通过层层的审批就可以采取行动，参与的主动性大大增强，企业的目标自然会很快得到实现。

管理西化
更符合实际

东方文化注重人的权威和依赖，甚至是道德决定一切，而这显然不符合讲究制度和民主的现代企业制度。

  这不是中国企业家的问题，这是东方文化的问题。东方文化讲究权威，民主是从西方传过来的。对文化的依赖性决定了只能如此，从某种意义上说，东方文化并不适合现代企业制度。

  现代企业制度更多的是靠制度本身，东方文化讲究的是人的权威和依赖，甚至要靠道德层面的力量。西方企业制度讲究的是大家都可能好也都可能坏，所以一定要有制度性监督。

——2011年王石接受《南方人物周刊》采访

延伸阅读

  不可否认的是中西方在企业制度管理上是存在差别的，东方人管理企业很多依靠的是权威，是人情，而西方则更喜欢依靠制度。

中国企业管理的核心特征是人情，这是由中国历来的传统决定的。中国人历来都很看重人情，而这一传统也被管理者运用到企业管理中。中国的企业管理者很多都是人情化管理的"高手"，相对于制度而言，很多管理者更倾向于"以情感人"，以道德来束缚人，以权威来压人。这种管理模式，能带来和谐的管理关系，却容易导致人和事混在一起，人事不分，管理中的各种问题就会出现。

相对于中国的管理制度而言，西方的管理制度更为理性化。西方的管理注重以制度来管人，通过民主的方式来实施。

相对而言，西方的企业管理制度更加符合新时代的企业管理。

在企业管理制度上面，王石一直在思考，一直在实践，万科在这方面做得不错。王石在远洋求学的过程中，也在不断地反思，他在反思金融危机的根源和生命本身，也在反思企业管理模式。在企业管理模式上反思得到的结果是东方文化不适合现代管理制度，王石认为这是由东方文化的本质决定的，东方文化注重人的权威和依赖，甚至是道德决定一切，这与讲究制度和民主的现代企业制度显然是不相符的。

Business Develop

柳传志有一句名言："爬喜马拉雅山，可以从南坡爬，也可以从北坡爬。联想一旦决定从北坡爬，大家就不要再争了，哪怕北坡看似更远、更陡、更危险。"他的意思是：企业里所有的制度不是用来讨论的，而是用来执行的。

业务员小张，被公司派往联想集团工作一段时间。第一天，刚进公司的时候，一位部门经理接待了她。寒暄之后，他郑重地告诉小张："你虽然是公司之外的人，但既然来到本公司，在此工作的这段时间里，一切就按联想公司的人员看待，因此也希望你遵守公司的一切规定。"部门经理介绍了一些规定，最后提醒小张："联想有开会迟到罚站的制度，希望你注意。"他的语气很严肃，但小张没有太在意。

一天下午，集团办公室通知所有中层干部开会，也包括小张这些驻外业务代表。小张临时接了个电话，忘了时间，等想起来时，已经迟到了3分钟。她刚走进会场，就发现会场上出奇地安静，这让她有点不自在。她看见会场后面有个座位，就打算轻手轻脚地进去，以免打扰大家。

"请留步，按规定你要罚站一分钟，就在原地站着吧！"会议主持人站起来向小张认真地说道。小张的脸顿时一片潮红，只好原地站着。等小张总算熬过世上最难熬的一分钟，会议主持人说："时间到了，请回到座位上去。"接着大家继续开会，就像什么也没发生似的，而小张如坐针毡。

会后，部门经理找到她："小姑娘，罚站的滋味不好受吧！你也别太在意，以后注意就行了，我也罚站过，柳总也曾经罚站过。""老总也罚站啊？"她有点惊讶。"自联想创建以来无一例外都要遵守这个规定。有一次电梯出了故障，柳总被关在里面，那时手机还不流行，没有人知道他被困，他叫了很长时间才有人把他弄出来，就算这样他也只能认罚。'开会迟到罚站一分钟'也算是联想独有的一种企业文化吧。"部门经理对她说。柳传志在很多场合说过："企业做什么事，就怕含含糊糊，制度定了却不严格执行，最害人！……在某些人眼里，开会迟到看起来是再小不过的事情，但在联想，这就是不可原谅的事情。联想的开会迟到罚站制度，20多年来，没有一个人例外。"柳传志认为，立下的制度就必须遵守。

不以规矩，无以成方圆。所有的企业组织，都应当有自己的制度，不仅要有制度可依，还应有制度必依。制度不是用来给人看的，而是定来遵守的。无论是谁，只要是这个企业组织的成员，就应该受这个制度的约束，这样才能发挥制度的作用。

管理企业最需要的是制度与民主，而不仅仅是人情。作为企业管理者，必须学会平衡人情和制度。不管是实行人情，还是制度，目的都是为了调动员工工作的积极性。企业要想良好地发展下去，要靠制度管理。制度苛刻，则需要人情的软化，只有人情和制度配合得恰到好处才是最完美的。

企业管理者首先要管好自己，为员工们树立一个良好的榜样。言传再多也不如身教有效。行动有时比语言更重要，领导的力量，往往不是通过语言而是通过行为动作体现出来的，老板的表率作用尤其重要。

先进的制度：
让能干变成一种现象

> 只要是一个企业实现了制度化和团队化，选择好了行业并树立了品牌，谁是接班人就不那么重要了。

公司现在还处于发展阶段，还有一段很长的路要走，而现在的我也有充足的经历，那为什么我要把总经理辞掉呢？我是从长远角度考虑才做出这样的决定的。即使一个人再能干，他的生命也是有尽头的，而能用在工作上的时间就更有限了。但企业是没有生命年龄限制的，决定企业年龄的不应该是某一个人的能干不能干、专业不专业、有没有魅力，而是现代企业制度。以我自己的观点来看，只要一个企业实现了制度化和团队化，选择好了行业并树立了品牌，谁是接班人就不那么重要了，这个企业就能健康地发展下去。

我33岁才开始创业，依靠摸索一步步经营企业；郁亮毕业于北大，他受过专业的培训，在万科10年后当上了老总，此时的年龄却还不到33岁。郁亮的走马上任，标志着万科已经成功完成由第一代职业经理人向第二代职业经理人过渡。

郁亮不是我挑选培育的，我把所有的心思都用在了制度、团队、企业文化层面的培育……而不是针对某一个个体。

——1999年王石辞职讲演

延伸阅读

中国民营企业的接班人问题一直是人们最喜欢谈论的问题之一。第一代企业家经过多年的艰辛创业，已集体临近退出商业舞台的时期，此时的企业则进入一个新老交替的阶段。如何将手中的接力棒交给下一代，以保持企业的可持续发展，是企业面临的一个重要问题。接力棒交接好的话会促进企业的发展，否则，给企业带来的将是灾难。因此，对接班人的培养成了企业管理者必须慎重考虑的问题。

万科也遇到了这样的问题，也面临着新旧领导人的交替。对于培养接班人的问题，王石有自己独特的见解。2005年，牛根生请王石到蒙牛去，他们在交换企业观念的时候，牛根生问了王石两个问题。第一个问题是如何接待中央领导人。这个问题对王石来说很难，因为他没有接待过中央领导人。第二个问题是如何培养接班人。

王石的回答十分有意思，他说他不培养接班人。

王石没有说谎，他确实没有培养接班人。王石为什么会这样做呢？这跟他的经历有很大关系，王石生于20世纪50年代，他亲身经历过新中国历史上很多重要的事件，而这些事件让王石明白，企业培养接班人多半是不成功的，只是把企业交到某一个人手里是很危险的。所以，王石从来不去培养接班人，而是在制度、团队、品牌上下功夫。在王石的带领下，万科形成了一个优秀的团队，建立了一套先进的制度，塑造了一个响当当的品牌，这才是万科能够不断向前的重要原因。

Business Develop

对于企业管理者来说，最重要的事情应该是为企业创造优良的制度、优秀的团队、响当当的品牌，而不是培养接班人。

第一，企业管理者要着力打造优良的企业制度。远大空调董事长张跃说："有没有完善的制度，对一个企业来说，不是好和坏之分，而是成与败之别。没有制度是一定要败的。"

一个适合的制度能够给企业带来成功和喜悦，而一个粗劣的制度将给企业带来无穷的失败和痛苦。企业制度是企业赖以生存的基础，是企业行为准则和有序化运行的体制框架，是企业员工的行为规范和企业发展的活力源泉。缺乏制度会使整个组织无法形成凝聚力，缺乏协调精神和团队意识，最终导致工作效率低下。严格而合理的制度是企业发展的保证，管理者在制度的制定过程中要做到以下几点：

其一，保证制度的严肃性和连续性。朝令夕改会使制度失去效力，流于形式，因此，一个好的企业制度要保证不因企业领导人的改变而改变，不因企业领导人态度的改变而改变，不因管理者与被管理者关系的亲疏而改变。

其二，制度要随客观环境的变化而不断改进、修订和完善。制度不可能一成不变、一劳永逸，必须与时俱进。

其三，制度必须人性化，便于执行。企业的制度要尽可能少，一般来说，制度越少，员工重视的程度就越高。制度要简单易懂，每一条款都应有相应解释，以免造成误解。另外，要尽可能让员工参与到制度的制定中。

第二，企业管理者要倾心打造一个优秀的团队。对于创业者而言，要使自己的企业长寿，就要尽早打造优秀的团队。拥有卓越的团队是创业者成功创业的关键。

管理者必须非常重视团队建设，因为团队是组织得以建立的根本条件，没有优秀的团队，就不可能创造优秀的业绩，也不可能为顾客提供优秀的产品与服务。放眼卓越企业的创业历程，无一不是建立了一流的工作团队，这些企业之所以出类拔萃，无非是其成员能够抛开自我，彼此高度信赖，一致为整体的目标奉献心力。

第三，要塑造响当当的品牌。如何使自己的品牌在竞争之中脱颖而出？品牌与品牌之间，名牌与名牌之间，有强有弱，有突出，有一般。品牌竞争力强，就处于强势地位，就是名牌，就是强名牌。反之，品牌就处于弱势或劣势，久而久之，就会危及品牌的生命。

强势品牌的特征不是企业主观臆造的，而是在消费者当中积累的结果。强势品牌就是在消费者心中留下清晰、良好印象的品牌。要想打造消费者心中最认可的品牌，就要用质量说话，用服务说话，用责任说话。这些都是塑造强势品牌不可或缺的方面。

让复杂问题简单化，
　　让简单问题更简单

> 万科奉行的都是"复杂问题简单化，简单问题绝对不搞复杂"。

中国文化经过几千年的沉淀，非常厚重，这也造成了一个最为明显的特征：人际关系非常复杂。大家都爱看的帝王将相的戏，无不是围绕着复杂人际里的尔虞我诈的斗争。商业类的像《乔家大院》，乔致庸这个人就是在清末复杂的社会形态下不断抓住和创造商业机会的，他的从商经历就是传统中国价值的一种复杂投射。而作为一个企业公民，无论是盖房子还是做企业，万科奉行的都是"复杂问题简单化，简单问题绝对不搞复杂"。企业和人一样，无论是自身发展还是人际交往，到了一定的年龄，就要开始做"减法"。

——摘自《王石说：我的成功是别人不再需要我》，
浙江大学出版社，2013年1月

延伸阅读

年轻时的王石喜欢挑战，并且也从来没有惧怕过挑战。可是，王石坦陈他最怕的挑战是处理人与人之间的关系，这种问题常常会令王石感到头疼。所以，在掌舵万科之后，王石为万科定的第一个企业文化就是"简单不复杂"，要保持简单而真诚的人际关系，主张让复杂问题简单化，让简单问题更简单。

王石这种"简单不复杂"的管理有一个最重要的体现，那就是用人举贤避亲。万科初创时就形成一个不成文的规定：亲属不共事。王石作为万科的创始人，在这一点上起到了模范带头作用，他没有任用任何自己的亲戚、朋友、同学。1989 年，王石去外地学习，一年后回到公司，发现他的一位表妹成了万科的职员。虽然王石这位表妹毕业于吉林大学国际金融专业，是公司需要的人才，但王石还是劝说表妹离开了公司。王石在劝说的时候，只说了这样一句话：如果你有本事，到哪里都是金子；如果没本事，就不能在这儿混。王石表妹走后，在其他公司也得到了很好的发展。而万科因为王石的这一举动，举贤避亲的原则也从此延续下来。

Business Develop

很多世界知名企业都是通过简单化管理跻身强者之列的。

世界 500 强企业之一的宝洁公司，其制度就具有人员精简、结构简单的特点。宝洁公司严禁任何超过一页的备忘录，推行简单、高效、卓越的工作方法。曾任该公司总裁的哈里在谈到"一页备忘录"时说："从意见中择出事实的一页报告，正是宝洁公司做决策的基础。"他通常会在退回冗长的备忘录时加上一条命令："把它简化成我所需要的东西！"如果退回修改后的备忘录仍旧过于复杂，他会加上一句："我不理解复杂的问题，我只理解简单明了的。"

宝洁公司前总经理哈尼斯曾这样解释该措施的意义："一份简短的、将事实和观点区分开的备忘录是我们进行决策的基础。一页纸上只能讨论较少的数字，一页纸上的20个数字要比100页纸上的20个数字更容易控制，这样就可以将注意力集中在重要的内容上。记录者必须确保填写少量的信息，因为少量的信息使人的责任感增强，而别人对其的信任感也随之增强。"

宝洁的做法无疑是成功的。首先，一页备忘录将问题压缩到只有少量需要讨论的程度，便于集中精力解决主要问题，从而使行动的效果大大提升；其次，一页备忘录中的建议条目按序展开，言简意赅，可使员工拥有更清晰的思路，提升执行力。

IBM也是靠着简单明确的原则和信念，把员工凝聚在一起的。这些原则和信念构成了IBM特有的企业文化。IBM的行为准则包括：必须尊重个人；必须尽可能给予顾客最好的服务；必须追求优异的工作表现。老沃森制定的这三条简单原则，一直是IBM的行事方向。

在IBM，任何决策和行为都是这些准则的体现。IBM的企业文化就是一种简单思维指导下的文化，这种简单的原则对企业所做出的贡献大于技术革新、市场销售等的贡献。

一个简单的问题，不能人为地使其复杂化；一个复杂的问题，更要将之简单化。任何大企业，其理念和管理手段无论多么先进，效力都会由上至下逐渐减弱，因此，越是复杂的原则、理念越难以落实到基层，而采取简单的原则，却可以将之贯彻到最基层，从而更好地解决流程和执行问题。国内的很多企业，规章制度动辄几十、几百页，这样复杂的制度有几个人愿意了解呢？很少有人愿意了解，又怎么可能被落实呢？所以，管理源于简单。

所谓简单管理就是要准确找到并把握事物的规律，做到由此及彼，由表及里，在立足事实的基础上贯通表里，在把握规律的基础上删繁就简。简单管理强调的是行动，也是"把复杂问题简单化"的一种思维方式，作为企业管理者，只有不断地运用简单思维，修炼简单思维，才能使管理达到"运用之妙，存乎一心"的境界。

大道至简，用最简单的方法可以解决最复杂的问题，关键在于我们是否具备这样的思维素质。把复杂的管理简单化，是一门艺术。管理者只有不断地学习简单思维方法，并广泛实践和运用，才能融会贯通，探索出一条简单的管理之路。简单管理是企业未来的发展趋势，它追求的实质是返璞归真。企业管理者只有把这样的企业文化坚持到底，才能引领企业走上高速发展的道路。

不要追求绩效：
绩效只是看起来公平而已

> 绩效主义像企业脓包，它看似公平，实则缺少内涵。

索尼前常务董事天外伺郎提出，绩效主义摧毁了索尼引以为傲的激情团队。绩效主义看似公平，但缺少内涵。它只能靠利益刺激，未结成精神共同体，最终将走向平庸。无论什么企业，只要实行员工收入与业绩完全挂钩，一些扎实的工作就易被忽视，将破坏员工对企业的信任。

——王石个人微博

延伸阅读

万科在郁亮主权时期，特别注重绩效主义，因为绩效能带来房地产销量的快速提升。此时的万科主要把资本回报率、利润率、存货周转率等当成城市公司的绩效指标，而把王石时期诸如区域建设、产品质量、客户满意度等较为务虚的业绩考核指标抛弃不用。同时，对一线职业经理人的考核也有所变动,更加强调快速周转。为此,郁亮还曾专门提出"5986模式",宗旨是抛开一切念头,快速拿地,快速开工,快速销售:拿地5个月动工、9个月销售、第一个月要售出80%,开盘卖出60%。

在这一模式的指引下,万科飞速发展,资金运转非常顺畅。然而,一味地"求快、求规模、求周转",在产品质量、区域建设、客户满意、领导力建设等这些对公司品牌、信誉非常重要的长期因素上就难免有所疏忽。片面地强调绩效,这也是万科出现质量事件的重要原因之一。

王石十分不赞成绩效主义,他直指绩效主义存在很大的缺陷,最大的缺陷是破坏信任。而信任的破坏对企业来说,伤害是巨大的。万科先后经历的"安信地板事件"、深圳"纸板门""设计门"等事件,就是最好的证明。所以,王石在万科股东会议上明确表态,万科要把质量看得比规模、速度更重要;如果质量和规模、速度存在冲突,质量优先于规模、速度等。同时,王石让大家做好准备,因为万科可能会因为质量沦为老二老三,但即使是这样,王石也明确表示在质量上不容退步。

Business Develop

2006年索尼公司经历了难言的阵痛。虽然在这一年索尼迎来创业的60周年,但也是在这一年它"多灾多难"。首先是笔记本电脑锂电池着火,这起事件迫使索尼召回大约960万台笔记本电脑,仅更换电池的费用就达到510亿日元之多。

其次是PS3游戏机,这款游戏机曾被当作索尼的"救星",上市当天就销售一空。然而因为关键部件批量生产速度跟不上,索尼只好在整机的生产数量上进行控制。这款游戏机生产成本很高,索尼在2007年3月进行年度结算时，游戏机部门亏损达到2000亿日元之多。其实，索尼的不正常在2003年春天就已经出现端倪。当时索尼一个季度就出现约1000亿日元的亏损，股票也连续两天跌停。

那么，究竟是什么让索尼出现如此大的危机呢？

索尼前常务董事天外伺郎认为，是绩效主义害了索尼。从1995年开始，索尼公司逐渐开始实行绩效主义，还成立了专门的机构，制定非常详细的评价标准，并根据对每个人的评价确定报酬。

所谓的绩效主义就是业务成果和金钱报酬直接挂钩，职工努力工作的目的简单来说就是为了拿到更多的金钱。此时的索尼强调绩效，在这个事情上花费了大量的精力和时间，在工作上花费的时间反而比较少。这样的管理模式，让很多索尼员工丧失了工作的热情。

为了达到业绩考核的要求，很多索尼员工提出的实现目标都非常低，他们畏首畏尾，不再敢于挑战，而是大力追求眼前利益。这就导致很多员工不愿意从事诸如产品质量检验、"老化处理"工序等短期内难见效益的工作。也就是说，因为实行绩效主义，一些扎实细致的工作没有人愿意去做了。

绩效主义不仅针对个人，还有业务部门，以考核结果来确定业务部门的报酬。这直接导致各业务部门彼此拆台，为了让本部门多捞取好处，甚至不惜损害整个公司的利益。由此，索尼出问题，也成了在所难免的事情。

对企业管理者来说，过度强调绩效主义，绩效管理过于程式化和机械化，对企业是百害而无一利的，这会让企业管理失去管理的平衡感。绩效主义企图把人的能力完全量化，用"量"替代"质"作为衡量员工的标准，导致员工丧失了激情、团队精神和创新精神。

英明的企业管理者会把企业打造成一个有自由、豁达、气氛愉快的企业，让每个认真工作的员工最大限度地发挥主观能动性。事实上，无论是什么样的管理模式，其目的都应该是让员工焕发热情，把创意和智慧用在与公司目标一致的方向上。要建立这样的理想企业，就必须转换管理观念，向全面、均衡的管理模式转变，在理念和实践上防止片面和偏激，从多方面入手突破绩效主义的围墙。

接班人
无法培养，也不需要培养

> 从第一代管理层向第二代管理层交班的过程，万科已经顺利完成。

从第一代管理层向第二代管理层交班的过程，万科已经顺利完成，现在万科已经成立20周年，这将是管理层更新换代的转折点，在这个转折点，以王石为核心的第一代管理层将被以郁亮为核心的第二代管理层全面代替。现在的万科，在新生代要提倡创新，但是过去雷厉风行的作风也要坚持。这不仅仅代表着个人的风格，同时也是万科需要传承的宝贵传统。

——王石在万科20周年发布会上的讲话

延伸阅读

2004年，万科集团"万科20周年"新闻发布会在北京举行。出席新闻发布会的有万科集团最高管理层董事长王石、董事总经理郁亮、副总经理丁长峰和张纪文等。在这次会议上，王石宣布退居幕后，把管理大权交到郁亮手中，这预示着万科从第一代管理者到第二代管理者的权力交接已经完成。

这次发布会后，王石逐步退居幕后。而这次权力的交接，对万科来说具有长远的意义。在这次发布会上，王石宣布在今后的日子里不会过多干涉管理操作，但仍然参与万科管理层事务。同时，王石还表示，如今万科已经考虑如何培养第三代管理层。

万科从第一代管理层到第二代管理层的交接是成功的，这在今后万科的发展中可以看出。其实，王石并没有培养接班人，这一点他也亲口承认。从万科的发展可以看出，职业经理人文化是万科独特的文化模式，王石一直在培养优秀的职业经理人，甚至把自己也当作是职业经理人。王石一直都在完善万科的职业经理人队伍建设，经过不断的探索和努力，万科建立了一支作风优良、素质技能过硬的职业经理人团队，而郁亮就是优秀的职业经理人之一。正是因为有了优秀的第二代职业经理人团队，万科最终实现了管理权的顺利交接；也正是因为有了优秀的第二代职业经理人团队，万科才能茁壮成长，获得年销售额破千亿的佳绩。

Business Develop

中国"富不过三代"是一种讽刺，也是一种现实。如今，私营企业面临的一大困境就是这句古话接班人问题。特别是对于家族企业来说，家族企业创业者白手起家，打下江山后大多希望将自己的子女培养成自己的接班人。然而，在优越条件下成长起来的"富二代""富三代"，不一定能实现长辈们的期望，"富不过三代"现象已经成为家族式企业未来发展的瓶颈。

自改革开放以来，中国民营企业家已经超过 300 万，调查显示，由于找不到合格的接班人，95% 以上的中国民营企业家无法摆脱"富不过三代"的宿命。能否为企业找到合适的接班人，往往关系着企业的生死存亡。而要想拥有优秀的接班人，关键在于培养。

作为业务遍布世界，历史悠久的跨国公司，摩托罗拉就很重视员工领导力的培养。摩托罗拉的领导人培养指导原则主要包括：培养关键性人才成为"下一代的领导者"；留住最佳人才；通过标杆学习不断提高；培养全球型领导人才。摩托罗拉根据长期经营实践不断摸索总结的经验，制定了独特的领导力衡量标准和行为规范，那就是著名的摩托罗拉的领导力"四个e和永恒的E"。

四个e分别是"前瞻"（Envision）、"实施"（Execute）、"激励"（Energize）和"果断"（Edge）的英文首字母，E是"道德"（Ethics）的英文首字母。这一标准要求员工在竞争激烈的商业环境中要有远见和创新精神；激励自己和领导团队达到目标；迅速行动，以结果为导向；在复杂情境中勇于决策，敢于冒险；在商业活动中坚守道德，包括对人保持不变的尊重和操守完美，诚信。

摩托罗拉人力资源部门为员工提供"领导人才标准评估服务"，具体包括180度或360度的评估、评估报告分析、制订个人培养计划、后续辅导等部分。这样可以使员工清晰地认识自己的能力和在组织中的位置，系统地制订自己的长期职业规划，开发个人发展计划，与此同时也为组织提供了客观的数据，有利于组织有效地选拔人才，进行更为有效和有重点的人员接替规划，从而建立领导人储备机制。

摩托罗拉的领导型人才课程包括业务开发学院项目（BDI）、公司强化管理培训项目高级班（CAMP-A）、基础班（CAMP-E）和领导效力强化培训项目（LEAD），这些项目以提升绩效为核心提供多种培训课程、领导人才评估的工具和咨询服务。通过领导型人才培养，摩托罗拉如同获得无穷的人才宝库一样，源源不断地将这些人才输送到世界各地。这些领导型人才为摩托罗拉的全球发展发挥了举足轻重的作用。

商场如战场，要想企业在关键时候不掉链子，要想企业在关键时候有人承担管理责任，企业就需要在日常工作中加强对接班人的培养。这种培养的核心就是把接班人培养成具备管理素质的准管理者，这样才能保证在激烈的市场竞争中不断有人站出来，带领企业继续前进。具体来说，公司该怎样培养自己未来的领导者？

首先，发掘那些具备成为领导者潜质的人，通过提供发展机会和培训给予他们关注。

其次，提升培养对象的发展定位，使其高标准要求自己。

再次，对那些可以领导组织走向未来的高级领导者的特征做一个界定，即建立领导力模型。

最后，弥补培养对象的薄弱环节，最为重要的是让他们最大化地发挥优势。

第十章
一般企业输出产品，优秀企业输出文化

生产商品的是生产者，生产理念的是引领者。这是万科与众不同的地方，也是王石最厉害的地方。

除了永不止步之外，
世界上不存在更高明的经营诀窍。

文化输出
是国际化的必备技能

企业不仅要输出产品，更要输出
文化，这种文化会影响整个社会的进步。

  万科将来会走怎样的发展道路，大凡是企业，只要是发展到一定程度，它给社会提供的就不仅仅是一种产品，还包括一种文化。这种文化带给消费者的不仅仅是对产品的享受，还会对整个社会的进步带来更大的影响。二战以后，日本的索尼、松下、丰田的业务不仅仅是在汽车行业，它们也在涉猎其他行业。而对万科来说，如果能够继续发展，也可以成为这样的企业，不仅仅在行业是领跑人，同时也可以通过跨行来推动社会的进步。总的来讲，社区是万科的产品，它也是城市的重要组成部分。

——2013 年 1 月王石腾讯专访

延伸阅读

  成为世界品牌，一直是中国品牌的梦想。为了实现这一梦想，很多中国品牌打响了冲向世界的战役，海尔、联想、TCL、中国移动等是这场战役的先锋。可是它们走向世界的过程并不轻松，先是海尔收购美国的家电品牌美泰克遇阻，后是联想在美国遭遇美国国会的刁难，TCL呢？它虽然收购了阿尔卡特、施奈德，但是消化不良。

为什么会出现这样的现象呢？归根结底是因为中国品牌在品牌文化输出上没有做足功夫。如果海尔能够通过文化导入和公关活动，让当地的政府和居民接受，海尔的国际化战略就不会受到这么大的阻碍。对于TCL来说，要是能够在进行收购之前对阿尔卡特及施奈德等进行科学的评估，消化不良也是完全可以避免的。

王石在哈佛求学期间对这几个案例进行了反思，也得到了关于万科的发展的一些启示。他认为，万科将来的发展方向不仅仅是要为消费者提供住房，同时还要输出万科品牌文化，万科一直在推行一种住宅文化，这种住宅文化就是打造住宅产业化、绿色建筑。万科这样做旨在为消费者提供较高档次的产品，同时也是为了推动整个社会的进步。万科一直在尝试走国际化道路，而此种文化输出也是万科国际化道路的重要筹码。

Business Develop

星巴克这个很多消费者耳熟能详的咖啡品牌创建于1971年。自1992年在纳斯达克成功上市以来，星巴克的经营一飞冲天，其销售额平均每年增长20%以上，利润平均增长率则达到30%。经过十多年的发展，星巴克已从昔日西雅图一条小小的"美人鱼"进化到今天遍布全球40多个国家和地区，连锁店达到一万多家的"绿巨人"。星巴克的股价攀升了22倍，收益之高超过通用电气、百事可乐、可口可乐、微软以及IBM等大型公司。

今天，星巴克公司已成为北美地区一流的精致咖啡的零售商、烘烤商及一流品牌的拥有者，它的扩张速度让《财富》《福布斯》等世界顶级商业杂志津津乐道。

在一个没有喝咖啡传统的国度，卖咖啡的星巴克却遍地开花。朋友聊天儿去星巴克、亲友聚会去星巴克、商务谈判去星巴克，于是有了那句"我不在星巴克，就在去往星巴克的路上"的具有小资情调的话。然而星巴克的咖啡就一定很好喝吗？答案可能是否定的，但星巴克始终吸引着人们，并且成功地改变了无数人的饮品习惯，重塑了消费者的消费观念，更重要的是，深刻地影响了我们的文化。

有人把星巴克概括为"一家有病毒般繁殖能力和宗教般信仰的公司，一家有灵魂的公司"。可以说，星巴克的成就建立在对人与人之间关系的洞察和尊重上。

星巴克的核心价值观表现在以下几个方面：

1. 可信赖的产品品质：坚持选用最好（相对于大众市场而言最好）的咖啡豆。

2. 高度的环保意识：采用更多的环保型设备和包装材料，大力倡导并严格要求能源的节约利用。

3. 对员工和咖啡种植者的人文关怀：向经济欠发达国家的咖啡种植者支付优厚的采购价格并提供种植者扶植基金；为员工提供最优越的健康福利计划，并大面积推行员工持股。

4. 和谐共处的社区精神：为顾客营造温馨、自由的消费环境，鼓励店面工作人员和顾客交流，让顾客无论是独处还是小聚都能怡然自得、融入其中，润物细无声地把星巴克变为顾客住宅和工作地点之外的生活中必不可少的"第三地"。

星巴克的成功之处在于它在卖咖啡的同时还能输出文化、观念，毫无疑问，它之所以风靡全球，是因为背后有强大的品牌文化作为支撑。星巴克还有选择地参与一些温情、励志的电影和图书的推广和发行，这为星巴克的品牌赋予了更多的文化内涵，增加其独树一帜的文化品位。

作为企业管理者，要学会文化营销，这是一种至高无上的营销。品牌的背后是文化，成功的品牌无疑是深厚文化底蕴和文化优势的体现。品牌文化是品牌价值的基石，具有深厚文化底蕴的品牌不仅给企业带来利润，而且使消费者从中得到精神满足，改变和引导着消费者的价值观和消费观。未来的品牌竞争将成为文化的竞争。所以，作为企业领导者，不仅要输出产品，更要输出品牌文化，这是促使企业壮大的重要因素。

缺乏责任的
拼搏是苍白的

企业家要做的事情不是用脚投票，而是要用行动担责。

我们再看100年前，1917年的美国企业家是什么形象？一看到他们我就平衡了。不要以为，创造财富的美帝国主义的企业家形象比我们更好，距今不到100年前，他们是这个样子的。1917年俄国革命那一年，洛克菲勒是这样的形象。如果我曾耿耿于怀的话，我看到美国企业家这个样子就很平衡了。我也对我们的民族充满了希望，不要以为社会对你不公，这样的新教精神、新教改革就追求很好了。这些当年开疆拓土的美国企业家形象比我们好不到哪里去。

当年美国，我们的同行是这样的形象，唯利是图，不顾工人死活。他们是怎么回答的？他们是什么样的声音？是诉苦，是用脚投票，还是移民到国外，他们在做什么？

现在洛克菲勒基金援助的协和医院在中国是排名第一的医院。因为种种原因，万科的公益基金曾经和一个基金打交道，发现这个基金专门在中国农村进行贫穷地区的医疗救治。我们经过一年的了解、合作，惊讶地发现，这个基金一年200多万美元，我们觉得这不是很大的数。后来才发现这个基金的前身是洛克菲勒基金援助中国的协和医院的工程尾款，因为战争停止了，用这个尾款成立了基金。而这个尾款的基金每年援助的钱也就是这个基金的利息。这让我感到非常惊讶。洛克菲勒基金所做的活动始终还在中国往前走，无论中国走向哪条道路，它只为了向中国中下贫穷的人群进行道义上、实际上的支援。也就是说，洛克菲勒靠自己及家族的行动，向社会证明了什么是企业家和企业家如何对待财富。

——王石在腾讯网2013年夏季思享沙龙上的主题演讲

延伸阅读

企业家最重要的，不是带领企业创造多少财富，而是勇于担起社会责任。王石带领的万科一直都是这样做的。

在国内还没有形成慈善氛围的时候，万科率先倡导并提供资金，保护湿地和红嘴鸥；2003——2006年，王石和他领导下的万科救助西藏盲童，并对修建盲童学校提供帮助和支持。

2005年6月，万科深圳公司捐款20万元援建贵州黄平县苗陇乡希望小学；9月1日，在新建的深圳市龙岗区万科城实验学校的开学典礼上，万科深圳公司向该校捐资100万元。

万科作为发起单位之一，参与了"阿拉善SEE生态协会"，王石担任该协会的副会长，与郭广昌、刘晓光等知名企业家一起参与中国治理沙尘暴的事业。2006年，王石作为轮值会长，更是对此倾注心力，为推广阿拉善SEE生态模式以及建立"阿拉善生态大奖"做出了贡献。

从 2005 年开始，万科主动承担起企业公民的社会责任，开始关注弱势人群。在有关部门的支持下，广、深两地廉租房在 2006 年规划成型。对于廉租房及低收入人群居住解决方案，王石曾说："我们这样做解决的范围是很小的，我们只是希望这样能引起社会的关注，来共同解决这样的问题，来关心弱势群体。"

2007 年 10 月 29 日，万科集团以 4 个红色 V 组合而成的新标志亮相，此标志意为"用感恩的心关怀生而不同的人"。万科的慈善事业已从单纯的人居建筑，逐渐扩展到涉及慈善助学、环境保护、人道主义援助等多方面。

王石以及他带领下的万科在用实际行动告诉世界，企业和企业家最重要的是勇于承担社会责任。

Business Develop

作为企业管理者，要时刻不忘自己身上承担的社会责任。勇于承担社会责任，不但是个人高风亮节的体现，也是塑造企业形象的绝佳方式。

如今的中国石油集团已经发展成为特大型国有企业。中国石油集团在成长，在壮大，同时也承担起了更多、更重的责任。中国石油也一直将"感恩"作为集团成员的行为准则之一，把关心社会建设和积极参与公益事业作为履行社会责任的重要内容和具体体现，始终关注和支持社会公益事业，积极参与赈灾救危、捐学资教、支持文化体育等公益事业。

"十五"期间，中国石油集团先后向新疆、内蒙古、甘肃、四川、广西等地区捐款总计超过 1 亿元，还筹集资金 3200 万元设立了救济基金，帮助困难学生和教师。

2005 年，中国石油集团为"援藏项目"捐款 1588 万元。1 月 8 日，中国石油职工为印度洋海啸灾区捐款 1346 万元。在"为贫困母亲捐款""博爱在京城"及北京"扶贫济困送温暖"等活动中，中国石油集团无不积极捐款，奉献爱心。

2006 年，中国石油集团又先后向遭受自然灾害的广东、湖南、重庆等省市捐款 3600 万元，向中国残疾人联合会捐款 1000 万元，并积极参与全国妇联发起的"大地之爱、母亲水窖"公益活动，累计捐款 1030 万元。

中国石油集团时刻牢记自己的责任，尽自己的最大努力回馈社会，在社会公众中树立起良好的企业形象。

中石油的实践证明，履行社会责任可以彰显企业形象，提升企业品牌影响力；而社会责任缺失，则会丑化企业形象，令企业品牌蒙羞。企业履行社会责任与企业品牌建设有着直接的、密切的联系，履行社会责任已经成为企业品牌建设新的路径。所以，作为企业的管理者，要通过积极主动履行社会责任来再造企业文化，重塑企业形象，并由此打造企业品牌影响力。

绿色战略：
万科人都有环保观

这些锁子和红布条过于庸俗，
已经到了泛滥的地步，让人遗憾！

这次来对华山有一个感受是华山上的锁链太多了，尤其是红布条，真的是喧宾夺主。拍照的时候，放眼看去全是红颜色，华山不应该是红颜色的，绿色应该是主要色彩，这些红布条对华山形成了一种视觉污染。这是我对华山景区的一点建议。

——2011年王石登上西岳华山后记者采访

延伸阅读

自古华山一条道。这句话是说华山非常险峻，要想安全登上华山，锁链是必不可少的工具。而如今地方为了搞旅游创收，还发明了锁子，以及红布条。旅客把所谓的锁子与红布条绑在自己登山的要道上，就能求同心、求姻缘、求健康、求长寿。所以，在华山铁索上可以看到壮观的红色飘带以及数目众多的锁子。

在王石看来，这是对华山自然环境的一种破坏，华山应该保持自己最原始的特色，不应该受到任何的破坏，所以，他在完成登山接受记者采访时说太多的锁子与红色造成了视觉污染，这是让他感到遗憾的地方。

其实，王石一直都是一个对环保非常重视的企业家。提到低碳环保的话题，王石自然是媒体眼中的先行者，他不仅在万科大力推行绿色战略，还在各种活动中坚持贯彻低碳减排行为。

2010年5月，王石带领一支"零公里行动"登山队在尼泊尔一侧登顶珠峰，在登山途中，他们不但没有留下任何垃圾，还组织职业环保队对珠峰上8000～8600米之间各国登山队留下的垃圾进行了处理。

在2010年，在全国的40个万科小区内，万科实行有效的垃圾分类处理，有的小区甚至可以将一半垃圾在移出小区之前就全部消化掉，处理垃圾的方式和程序已经日渐成熟。

王石一直在坚持环保的道路上一路前行，这也让他和他领导的万科受到公众的认可和赞扬，高素质的企业家形象也由此凸显出来。

Business Develop

注重环保，注重人与自然和谐发展是企业领导者的重要素质之一，也是企业管理者提高公众形象的重要方式。荷兰皇家壳牌集团是全球最大的企业之一，也是世界最大的能源公司之一。公司的核心业务包括石油和天然气的勘探和开采、油品、天然气和发电、化工以及可再生能源。

荷兰皇家壳牌集团主席亨利·德特丁曾这样诠释壳牌集团的全球经营理念和企业文化："不论何时，荷兰皇家壳牌集团均以善意会友；不论何地，我们均致力于提供经验、技术和资本。我们雀跃于被视为忠实、诚信的盟友；

在与各地人民共同合作、为公司赚取满意回报的同时，我们亦致力于为当地缔造繁荣进步。能够运用所在地的自然及人力资源，我们心存感激，亦必以关心及善意与社区建立良好关系。"这番话道出壳牌一直以来与东道国相处的原则。

壳牌是经营石油、天然气、化工和其他特定业务的能源企业，能源企业和高耗能、污染是分不开的，进入中国市场之后，壳牌领导者非常注重环保、教育等公益活动，以对环境和社会负责任的方式开发和提供资源，推动企业的可持续发展。壳牌有一个全球通用的行为准则《壳牌商业原则》，明确规定可持续发展是壳牌的核心理念之一。壳牌集团对可持续发展的实践就是要在经济、社会和环境三者之间寻求平衡，在尊重社会和保护环境的前提下，追求商业上的成功。

壳牌以负责任的企业公民为目标，在有业务活动的各个国家广泛发起并参与各种类型的社会公益活动，这种行动又被称为社会投资。1998年，壳牌集团的社会投资总额达9200万美元，主题涉及多个方面，其中环保在总支出中占9%。

近年来，在壳牌领导者的大力支持下，壳牌（中国）有限公司以环保为主题，开展全方位企业形象公关，其举措包括"壳牌美境行动"、在北京密云县认养"壳牌林"、赞助出版全国第一本《儿童环保行为规范》、支持中国探险学会等。"壳牌美境行动"是其中的核心，实施以来获得了社会各界的一致好评。

对于企业管理者来说，注重环保不仅仅能够体现较高的领导者素质，还能提升企业的形象，这对企业的长久发展是有很大的好处的。对企业管理者来说，倡导绿色环保，积极参与环保活动，已经成为一种个人营销，以及企业营销的手段。

所以，企业管理者要积极倡导环保，并且要身体力行地参与到环保中。那么，企业管理者应该怎样培养这方面的素质呢？

1. 培养自己的环保意识

环保不是一种口号，而是一种意识和责任，企业领导者要加强自己的环保意识，时刻提醒自己做一个环保的好公民。我们在日常的生活中要多从老师、朋友和各种媒体中接受环保方面的知识，了解如何进行正确的环保活动。

2. 环保要从自我做起

在日常的生活中要节约每一滴水和每一度电，在就餐的时候不使用一次性餐具，尽量少用塑料制品；爱护花草树木，等等。

3. 要勇于与破坏环境的行为做斗争

企业领导者要做到敢于与破坏环境的行为做斗争，积极呼吁大家保护环境。

4. 积极参加与环保相关的活动

企业领导者参加环保活动，无疑是塑造个人与企业注重环保的形象的最佳办法。在这个过程中，要全心全意投入进去。因为参与环保活动的目的不仅仅在于宣扬，还在于培养。

有所为，有所不为

做企业如同做人，要有所为，有所不为。

我曾经说过，做企业如同做人，要有所为，有所不为。什么样的事情能做，什么样的事情不能做，该怎么做，这里面有相同之处。比如，追求公平回报问题。追求公平回报，就是严守法律规范和道德良知。前段时间我接受了中央电视台的一个调查。最后一个问题是："做企业到如今，你最想表达的一句人生感悟是什么？"我的回答是："在市场中，你永远可以期待，也永远只能得到公平的回报。"一个企业，只要以公平的心态对待股东、客户、员工和伙伴，则你自然也能从他们那里获得同样公平的对待。我们追求的是公司在市场中获得公平回报，股东从投资中获得公平回报，员工通过劳动获得公平回报，供应商在与万科的合作中也能获得公平的回报。做人如此，做企业也是如此。

——摘自2005年《王石：做企业如同做人——企业文化之我谈》

延伸阅读

万科在发展的过程中，始终把公平当作是企业发展原则性的东西，倡导简单、规范、透明的管理模式。

万科是善待股东的。1988年，万科首先进行了股份制改造，在20世纪90年代末，万科面临的发展瓶颈是"策略性大股东"的助力以及海外的融资渠道。所以，万科最想做的是从结构上对股权进行调整，吸引大财团成为万科的策略性大股东。于是，华润集团成为万科第一大股东。2000年12月2日，万科发布公告，拟向华润定向增发4.5亿股B股，目的就是为了提高华润在万科的持股比例。此时，企业的大股东要追求长期利益，而小股东则希望得到短期利益，这无疑是一个大的分歧。

要想解决这个分歧，就必须做出取舍或平衡。2000年12月24日，万科董事会做出这样的调整：放弃增发方案，取消临时股东大会。这样做充分体现了万科"善待股东"的理念。

万科是善待客户的。万科始终把客户当成最理想的伙伴，坚持质量大于速度的原则，致力于为客户打造高质量的居住环境，同时，万科在建造房子的时候是了解客户的，它们不仅仅是在为客户建造房子，也是在为客户打造一种理想的生活方式。

万科公平对待投资者，了解每个投资者的期望，为投资者提供最好的回报。

在员工管理方面，万科也秉持公平的原则。万科绝不会要求员工在公司内外采用不同的价值标准和行为准则。员工与员工之间，员工与公司之间都是平等、双赢的关系。同时，万科致力于员工的培养，为员工成长搭建理想的平台。

正是万科在发展过程中始终坚持公平的原则，它才能受到股东、投资者、客户、员工的信赖，这也是万科能够成长的重要原因。

Business Develop

做企业如做人，要拿出公平的态度来对待客户、投资者，最重要的是要拿出公平的态度来对待员工。一个优秀的管理者必须做到不让自己的员工失去信心。当员工有了不公平感，管理者可通过出台相应的补充决策让激励更加透明化，目标设定更加明确化。作为企业管理者，要想真正实现公平对待每一位员工，可以从以下几个方面努力：

1. 科学地管理团队

建立一整套科学的制度，使管理工作和员工的行为制度化、规范化、程序化，是生产经营活动协调、有序、高效运行的重要保证。一个团队，如果缺乏有效的制度来规范，就会出现盲目和混乱，无法创造出高绩效。

2. 促进团队成员间的交流

良好的沟通和协调可使团队成员通过信息和思想上的交流拥有共同的认知。有效的沟通和协调能及时消除领导者与团队成员以及团队成员彼此之间的分歧、误会和成见。会议、谈心和私下交流是领导者常用的几种形式。

3. 提供个人发展机会

如果一个团队无法让成员看到未来远景，是不可能得到人心的。马斯洛指出："团队要有畅通的升选管理、公平公正的晋升制度，让成员了解到只要努力必定会有往上爬升的机会，这样才能有效激励团队成员，让他们定下心来在团队中努力工作。"

4. 重视对团队成员的培训教育

只要是人，其需求的层次就会不断提升。团队成员，尤其是能力较强、有潜力的团队成员，希望自己能够不断自我成长。要留住他们，最直接的方式就是在坚持公平原则的基础上为他们提供更多的接受培训教育的机会。倘若企业为团队成员提供的学习机会太少，甚至根本没有培训，那么团队成员很快就会失去工作的乐趣，凝聚力开始下降。因此，管理者要尽可能地为他们创造学习和培训的机会。

5. 尊重每一位团队成员

尊重的需要是人较高层次的需要，在团队管理中，命令式的管理方式已经行不通了。人人都需要受到别人的尊重，所以，管理者要关心并尊重每一位团队成员，重视他们的意见，采取人性化的方式来管理团队。

许多团队的管理者都有一个通病，就是对成员不够关心。如果平时不关怀、尊重团队成员，处处以命令的方式叫他们做事，则团队成员内心肯定会产生抵触情绪，甚至离开团队。反之，如果能够改变管理的方式，真正做到公平地对待每一个员工，平时多关心他们，重视他们的表现，听听他们的心声，采纳他们好的意见，他们就会自动自发地参与团队的各项工作，积极配合其他人来完成任务。

尊重世界
是最好的金字招牌

> 万科的价值观包括：对人永远尊重、追求公平回报和牢记社会责任。

回顾20载发展历程，万科最引以为自豪的，就是在行业还有待成熟的时候，守住了职业化的底线，在任何利益诱惑的面前，万科一直坚持着自己的价值观。万科的价值观包括：对人永远尊重、追求公平回报和牢记社会责任。

企业要坚持自己的价值观，就要从以下三个方面着手。第一就是看清自己的位置，这包括个人的能力、企业在行业上的能力、行业在大市场上的位置，看好这种位置，把握就是了；第二就是建立一个制度，做企业要比较稳健地发展，现代企业制度是很重要的，尤其对中国来讲。东方文明更多强调的是道德管理，更多强调用好人；西方来讲是制度管理，假定人都有问题。万科就是按照西方现代企业制度建立的，到现在证明是完全可行的。再一个，就是还要看到未来的方向，比如国内很多企业是靠营销网络很快地发展，研发做得不够，企业需要升级换代的时候很可能就跟不上了。20世纪80年代华为的模式很值得借鉴，它一直在技术研发上投入很多的力量，在全球性金融海啸之后，中国普遍出口受挫的情况之下，华为反而还是有比较强的市场竞争力。

——万科2004年年报王石的描述

延伸阅读

改革开放以后的一二十年是企业发展的黄金年段，在这个阶段中国企业要想持续高速地增长，只要牢牢抓住中国经济高速发展的快车就可以。在很多人看来，这是一件非常简单的事情，然而事实是能够保持持续高速增长的企业少之又少。万科就是这少之又少的企业中的一个。

为何万科能够持续保持这种发展势头呢？主要是因为万科有坚持不渝的价值观。万科的价值观是对人永远尊重、追求公平回报和牢记社会责任。王石认为"价值观就是和客户到底是什么关系，和市场是什么关系"。在王石的带领下，万科一直在践行这种价值观，社会也对万科的价值观有了认知，并且将其归结为两个方面：一个方面是不追求暴利，另一个方面是不行贿。

王石把企业的这种价值观贯穿到万科发展的每一个阶段。中国的房地产市场风云变幻、大起大落，今天的繁花似锦或许就是明天的惨淡萧条。在这种风云激荡中，很多房地产企业无声猝死，而万科依旧生机勃勃，活力四射。之所以如此，主要的原因是万科一直坚持自己的价值观，这种坚持让万科一直保持着理性发展的态度，在关键时刻做出正确的判断和决策。这一切都是有数据可以证明的：因为坚持自己的价值观，所以在1993年万科放弃了多元化战略，而把所有的精力都放在房地产市场上；1997年和2005年房地产爆发性增长，万科又抓住了这样的大势；2007年，王石在预见到市场拐点的情况下，做出了降价调整，使万科可以在这一轮的金融危机中安然度过。

万科始终不渝地坚持自己的价值观，也让自己的形象得到了很大的提升，赢得了较高的客户口碑，品牌号召力得到了增强，同时这种坚持使万科得到了资本市场的充分信任，其融资能力得到了大幅度提升。这对万科的发展都是有很大帮助的。

Business Develop

德鲁克说，社会也要求管理者自治。企业应该在正确的价值观引导下发展。在市场经济社会里，企业的价值观发挥着巨大作用。如果为了追求利润，企业及其员工不惜采取假冒仿制、欺诈行骗、商业贿赂、行业垄断等不道德手段，不仅会损害诚实的经营者和广大消费者的权益，也会使企业掉入火坑，万劫不复。反之，如果企业在创立之初就形成有正确的价值观并长期坚持，企业必然会长盛不衰。

拥有300多年历史的老字号药店同仁堂，历经岁月打磨，至今仍然屹立不倒、基业常青，秘诀也正在于它一直秉持着以人为本的企业道德理念。"品味虽贵必不敢减物力，炮制虽繁必不敢省人工。"同仁堂店内的对联见证了其主人300年风雨不倒的辉煌历史，见证了国药第一品牌的赫赫声威。

同仁堂集团宣传部部长金永年先生曾就同仁堂非典期间赔本儿买卖的例子，说明了同仁堂对企业道德理念的坚守。

2003年，非典病毒肆虐中华大地。在此期间，同仁堂积极响应党的号召，为广大市民提供抗非典药品。但是，同仁堂每卖出一服"抗非典方"，就亏损2元钱，仅此一项，企业就报亏600万元。"政府发布了限价令，规定每服药只能卖 9 元,可是药材的采购价格却数倍地疯涨,过去 1 公斤金银花价格不会超过 40 元,"非典"期间却达到 300 元／公斤。

面对这种赔本儿情况,很多药店纷纷放弃销售"抗非典方",同仁堂的决策层却劝勉自己的员工说:"300 多年来,我们信奉'同修仁德,济世养生'的企业宗旨,国家有难之际,也是我们回报社会之时。"正是有了这样的企业精神,同仁堂才有了一个个令人钦佩的壮举,始终傲立于世。

商家逐利,天经地义,像同仁堂这样重德轻利,确非一般企业能做到的。它不仅是以人为本理念的集中体现,还代表了一个企业对社会的责任感。若一个企业把眼光单纯放在追求利润上,是短视的,真正伟大的企业必须点燃自己的灵魂之灯。就像一个人不能没有自己的灵魂一样,企业一旦失去了优秀的文化理念,就会失去强大的生命力、凝聚力、战斗力以及竞争力。

通过观察伟大公司的发展历程就会发现,这些企业常在成功之前就拥有崇高理想和核心理念,并自始至终以崇高理想激励自己,同时保持核心理念不变。并且更需要我们学习的是,这些崇高理想和核心理念,往往就是企业所坚守的以道德为基础的企业核心价值观。简而言之,就是企业通过确立崇高理想和核心理念为企业确立了牢不可破的道德根基,这种根基最终成为企业腾飞最夯实的基石。

可见,始终不渝地坚持企业价值观对于一个企业来说是大有好处的。有一位企业家曾对企业价值观的作用讲过这样一段话:企业组织之所以要形成企业价值观,并不是将其当作摆设,而是要以此来填补企业随时可能发生和出现的责任空白。企业价值观对企业的作用具体体现在以下三个方面:

1. 凝聚功能

企业价值观是企业的黏合剂,可以把企业中的每一个人紧紧地黏合、团结在一起,使企业拥有超强的合力。一个坚持正确价值观的企业,能够把企业的利益和员工的利益统一起来，实现集体与个人双赢的目标。

2. 导向功能

企业价值观能够为企业提供具有长远意义的、更大范围的正确方向，为企业在市场竞争中的基本竞争战略和政策的制定提供依据。

3. 激励功能

企业价值观能将我们的积极性、主动性和创造性调动与激发出来，使我们的能力得到充分发挥，提高各部门和员工的自主管理能力和自主经营能力。

600亿的品牌：
伟大源自日常的点点滴滴

　　我做企业，有我自己的风格，
这就是生存、爱、尊重。

　　我做企业，有我自己的风格，这就是生存、爱、尊重。在做企业之前，当时我在外经委，是别人很羡慕的职位，但是我发现我的能力发挥不出来，我的能力不被尊重。我是这样才到深圳来的。

　　当时到了深圳，我就有一个想法，如果我能做一个企业家，我一定不让我的部下重走我走过的路：委曲求全，十年媳妇熬成婆。我一定要创造一个理想的、均等的、自由的公司环境，这是我追求的。

　　　　　　　　——摘自2011年王石做客优米网观点语录

延伸阅读

在世界品牌价值实验室编制的《2010年度中国品牌500强》中，

万科排名第19位，品牌价值达635.65亿元。而我们需要知道，万科在1988年才开始涉足房地产业。仅仅经过20余年的发展，万科就取得了这样的成绩，确实是一个传奇。万科的发展之所以这么迅猛，主要是因为万科在王石的带领下树立了品牌。万科品牌的创建，王石立下了汗马功劳，也可以这样说，万科品牌与王石的个人品牌是有相通之处的。

　　作为万科老总，王石有自己的做事风格与价值理念，他把生存、爱、尊重当作自己的行事宗旨，并把这种宗旨融入企业管理，从而形成了万科的价值观。它包括四个方面的东西：第一，客户是我们永远的伙伴；第二，人才是万科的资本；第三，阳光照亮的体制；第四，持续增长。万科不断强调这种价值观，最终形成了独具特色的万科企业文化，也形成了强势的万科品牌。

　　从一定意义上来讲，品牌总是具有人格化的内涵，而品牌个性则是人的性格。万科的品牌个性与王石的个人品牌个性是密切相关的。而王石也特别善于塑造个人品牌，他通过一系列个人行动和品牌故事把自己塑造成特立独行、标新立异、个性鲜明、引领时尚风潮的独特形象。1998年，因为疾病之扰，王石制订了自己的登山计划。1999年攀登博格达峰，因刚愎自用险些丧命。2000年夏天，他与企业家联谊西行延安。2001年6月，身为企业董事长的王石成了摩托罗拉手机的形象代言人。2002年8月，他不畏风雨勇攀富士山。2003年5月22日，52岁的王石成功登上了世界最高峰——珠穆朗玛峰，创造了人生的奇迹。

　　王石的这一系列动作让他成为了中国媒体关注的焦点，王石的企业家品牌因此而塑造成功，这也无形丰富了万科的品牌内涵。王石个人品牌的塑造推动了万科品牌的发展。经过不断发展，万科逐渐成长为行业的领导品牌。我们不得不说，正是因为有了王石的个人品牌，万科才能得到迅速的发展，就此来说，企业家的个人品牌对于企业发展是非常重要的。

Business Develop

2005年3月，惠普宣布了新CEO人选为NCR公司前首席执行官——马克·赫德。受此消息影响，当天惠普股价涨幅超过10%。此时企业实际上还没有发生任何实质的变化，仅仅因为赫德的个人品牌的影响，许多投资者认为惠普是有发展前途的，从而提升了惠普的股票价格。

这告诉我们，企业家个人品牌与企业品牌是存在互动关系的。甚至可以这样说，企业成也企业家品牌，败也企业家品牌。

2004年，"家政女王"玛莎·斯图尔特因为通过内部消息操作一只股票，妨碍司法公正被起诉和拘捕。当这一消息被公布后，该公司的股票一天内下跌了15%，公司媒体产品的订户急剧减少，广告客户也竞相离开，致使企业陷入极大的困境之中。

由此可见企业家个人品牌与企业品牌是有密切关系的，企业家本人就是产品的最佳代言人，企业的兴衰成败也可以说是企业家的兴衰成败。个人品牌就像企业品牌、产品品牌一样拥有知名度、信誉度和忠诚度，它是你的公众标志，也是你的信誉所在。一旦建立起个人品牌，将会为你带来更多的发展机会。

在个人品牌的塑造和维护过程中，企业管理者必须修炼以下六项基本功：

1. 确定方向

确定方向的关键就在于为个人的品牌建设做一个合适的定位，认识到自己从事的工作的价值及想要达到的目标，只有这样才能锲而不舍，保持工作的长期性和延续性。

2. 精通你的专业

精深的专业技能是个人品牌树立的重要元素。个人唯有专精，才能生存。

3. 寻求"断点"

当你找到个人发展的方向时，不妨仔细看看前辈的足迹，这样你也许会发现许多人在你之前已在这个行业里树立了品牌，跟着前辈的路子走下去，自己必然不占优势或需要付出更大的努力，所以你需要自己寻找目标中的职业"断点"即发展空间，然后确定目标，并逐个超越。

4. 包装自己

个人品牌的包装要更多地体现自己的活力、沟通能力及亲和力。实践证明，越能表达自己想法、平易近人的人，越能得到大家的信任。如果想树立个人品牌，你就应该包装自己，从外到内体现出自己的独特和亲和力。

5. 惜誉如金

品牌最重要的就是信任。你必须要绝对可靠，千万别因为一些道德上的瑕疵砸了自己的牌子。

6. 维持学习力及学习心

学习力及学习心是不老的象征，也是延续个人品牌的手段。一个不断学习的人可以不断丰富和完善自己，也更容易拥有自信心及保持谦虚的态度。

第十一章
坦诚道歉：让危机在摇篮里消失

没有一个企业能做到零错误。减少犯错非常重要，但相比之下，如何成功地化解已犯的错误就显得更为重要了。

在挫折中成长青春，
在梦想中寻找尊严。

捐款门：
消除错误就得承担错误

> 领导者，要拥有敢于承认错误的勇气。

> 我写那篇文章时，并不清楚这次受灾如此严重，几天来我一直在反省，那个时间那样说的确不合适，心里感到不安，这篇文章引起网友对抗灾分心我道歉，给万科人带来压力我道歉，影响万科的形象我也要道歉！
>
> ——2008年5月22日王石的公开道歉

延伸阅读

2008年5月12日，一场大地震袭击了四川，全国各地民众慷慨解囊支援四川，各大企业也纷纷捐款捐物，仅王老吉就捐出了一个亿。而在四川地震发生当天，万科集团总部向灾区人民捐出人民币200万元。就是这200万元的捐款，让很多网友感到不舒服，他们认为万科年销售额1000亿元，区区的200万与万科的企业形象大不相符，一些网友还贴出捐款超1000万元的企业名单，并且呼吁万科多捐点儿。

万科舵手王石用一篇名为《毕竟，生命是第一位的》的博文回答网友的质疑。王石在博文中说："对捐出的款项超过1000万的企业，我当然表示敬佩。但作为董事长，我认为万科捐出的200万是合适的。这不仅是董事会授权的最大单项捐款数额，即使授权大过这个金额，我仍认为200万是个适当的数额。中国是个灾害频发的国家，赈灾慈善活动是个常态，企业的捐赠活动应该可持续，而不应成为负担。万科对集团内部慈善的募捐活动中，有条提示是'每次募捐，普通员工的捐款以10元为限'，其意就是不要让慈善成为负担。"

说过这番话之后，王石还表示，他将把主要的精力放在关注地震波及严重的成都万科小区的住宅耐震情况上，同时还会协助有关部门对成都的建筑进行安全鉴定。

但是，王石的这一说法非但没有解决众网友心中的疑惑，反而招致了众怒。一时间，众网友"骂王""倒王"此起彼伏，一向广受尊重的王石迅速成为众矢之的，这是王石本人也没有预料到的，还有网友喊出了"抵制万科"的声讨声。王石感到了事情的严重性，于是在第二天就公开表示道歉。

Business Develop

作为管理者一定要敢于担当责任。犯错和失职并不可怕，否认和掩饰错误才是最不可容忍的。戴尔公司的老板迈克·戴尔是一位勇于承担责任也能主动承认错误的领导。自2001年，戴尔公司就开始实行年度总评计划。每位戴尔员工都可以向他的上级、部门经理甚至是戴尔本人提出意见，指出他们的错误。第一次员工总评过后，戴尔得到的评价是"过于冷淡"。对此，戴尔本人当着众多员工的面承认了自己的问题："我个人太腼腆，显得有些冷淡，让人觉得不可接近，这是我的失误。在这里我对大家做出承诺，今后，我会尽最大努力，改善与所有员工的关系。"

这件事情在后来被记者提及："戴尔先生，你不担心员工提出的问题是你根本不存在的吗？"他微笑着回答："戴尔公司最重要的一条准则是责任感。我们不需要过多的借口，只要拥有高度的责任感就行，在戴尔公司你绝对不会听到各类推诿之词。"他的公开表态在戴尔公司内部引起了巨大的反响，员工们认为：老总这么勇于承担"莫须有"的责任，那么我们还有什么理由不向他学习呢？因而，"承担责任，不找借口"的风气迅速在戴尔公司内部形成，这也是戴尔公司拥有强大竞争力的原因之一。香港首富李嘉诚认为，部下的错误就是领导者的错误。多年的经商经验让他知道，经营企业并不简单，犯错是常有的事情，而一旦出现错误，必须带头检讨，把责任全部揽在自己身上，尽量不让部下陷于失败的阴影。他时常说："下属犯错误，领导者要承担主要责任，甚至是全部的责任，员工的错误就是公司的错误，也就是领导者的错误。"

作为企业管理者，要勇于承担责任，犯了错误不要躲避，只有这样才会让员工感觉到管理者是一个心胸坦荡、有责任心的人。凭借责任感树立起的威信更能让身边的人信服，从而赢得更大的尊重和支持，否认和掩饰只会导致管理者失去众人的信任。

企业管理者不但在自己犯错的时候要勇于担当责任，在员工犯错的时候也要勇于把责任揽过来。一个让下属放心追随的领导者不会诿过于下属，他们在下属心里就像一棵可以乘凉的大树，是下属真正可以依靠的靠山。在企业中，管理者要有敢于为下属承担责任的勇气。领导被授权经营管理，无论获得成功还是遭到失败，都负有不可推卸的责任。即使是员工的失误，也有领导失察、指挥不当、培训不够的责任。

名誉危机：
莫让坟头高过了道德

> 我通常都是以一个非常正面的形象出现的，但是却因为这样一个帖子被打翻在地，被叫为"王十元"。

汶川地震发生后很多企业捐款，万科也在捐款，在万科的普通员工中一般要求捐款不超过10块钱，大概意思是这样的。大家就开始攻击万科，我发帖说明缘由，没想到我的言论也遭到了铺天盖地的攻击，有的网友甚至说，虽然你王石登上了珠峰，但你的道德高度还不如一个坟头。我的意思是说，我曾是作为一个登上珠峰的企业家、被当作英雄来看待的，是中国改革开放20年20人纪录片的主角之一，作为中央电视台选的一个非常正面的形象出现的。但是却因为这样一个帖子被打翻在地，被叫为"王十元"。

——王石在腾讯网2013年夏季思享沙龙上的主题演讲

延伸阅读

"捐款门"对万科的冲击是巨大的,对王石个人的冲击更大。民众和媒体揪着"限捐10元"向王石发起了猛烈抨击,各种恶毒的话也迎面而来,一时之间,无商不奸、为富不仁的帽子给王石戴了个结结实实,一天时间内网上攻击量大概有五六十万。

有网友戏谑地送给王石"王十元"的称号。有的网友说,虽然王石登上了珠峰,但他的道德高度还不如一个坟头。诸如此类的评论都来自网上。同时,在网下,王石似乎也没有逃脱被攻击的厄运。一位掌权者愤愤不平地说:"你们企业家不就是赚两个臭钱吗?你们赚的钱那是我们让你赚的,我们存到你这里的。这个时候就要让你表现,你怎么不表现?200万不多,都是税。"

就因为这个言论,主流当权者和网上民间舆论"80后"等不同的群体形成了惊人的一致,对王石进行个人人身攻击。

面对众人的声讨,王石有点儿招架不住了,虽然是无心之失,却招来被声讨之祸。为了止息这种声讨,王石站出来道歉,并且说要加强个人道德修养。

Business Develop

1982年9月,媒体曝出芝加哥地区有人服用泰诺药片中毒死亡的严重事故。刚开始被曝只有3人死亡,坏消息迅速传遍美国,大家都相互传说全美各地死亡人数高达几百人。强生公司陷入空前危机。

强生公司立即组织危机应对小组对所有药片进行检验,在全部近千万片药剂中，发现所有受污染的药片只源于一批药，总计不超过75片，并且全部在芝加哥地区，而最终的死亡人数也确定为7人。强生公司仍然按照公司制度中最高危机方案，即"在遇到危机时，公司应首先考虑公众和消费者利益"，不惜花巨资在最短时间内收回了所有的泰诺药片，并花数百万美元进行赔偿。

将公众和消费者利益放在最重要的位置，强生的这一做法获得了公众的认可和谅解，最终拯救了强生公司的信誉。

强生陷入危机，以及成功解决危机的事例告诉我们，作为企业管理者，要守住道德的底线，不能为了获得利益而丧失了道德。市场只欢迎有道德的企业管理者和有道德的企业。

所以，企业管理者在带领企业埋头搞发展的时候，要时刻考虑到企业每走一步给社会带来的影响，一定要以正面的形象示人，切不可给社会带来负面影响，这就要求企业在发展的时候时刻把握好道德原则，以道德来衡量究竟该如何发展。

然而，许多企业管理者认为利润才是企业存在的根本，如果没有利润，企业就不可能存活。德鲁克也说，企业的首要任务是生存。换句话说，企业经营的首要准则不是利润最大化，而是避免亏损。但企业时常会遇到风险，所以企业必须赚到能够抵御风险的利润。作为一个企业，对社会最大的贡献就是创造利润、纳税。这种说法是有一定道理的，但是必须建立在一定的前提之上，这个前提就是诚信经营、道德发展，否则企业是很难取得长久的发展的。

在市场经济条件下，要获得长久的成功，企业管理者仅靠懂管理、善经营是远远不够的。企业要长远发展，就必须有道德。一个不择手段、不顾后果的创业者，或许可以凭八斗高才掘得第一桶金，但是不能在一个相对成熟的市场环境中成为一个金矿主。钱要赚，原则也要讲；利要求，品德不能丢。

中国历史上有很多著名儒商。从孔子的门生子贡，到明清的晋商、徽商，儒商一直是中国商人"德"文化的代表。这群有着高明学识的人为后人留下许多值得借鉴的经商智慧。被称作儒商始祖的白圭，留给后人智、仁、勇、强的商者之术，而风光一时的山西票号也有"守信、讲义、取利"的六字箴言。从古至今，诚信、仁义等道德品质被反复提及。

德乃商之基，无德之商无以成业。高人一筹的营销策略、圆滑历练的企业方针、精湛的专业技能固然能使企业从中获利，但是要成大事，创大业，要做一个百年品牌，还要靠为众人所称道的道德品质。企业管理者需要谨记的是：有德商才能筑高远，高德商才能计百年。

道歉
不需要条件

> 领导者更重要的是自己要加强修养,更加注意自己的言行。

在过去的24天里,灾区是中国人最牵挂的地方,抗震救灾是中国人最关注的事情。万科一直没有停止过努力,但这些努力并没有得到足够的承认。根本原因在于我在个人博客上对网友的提问做出了不恰当的回复,导致公众舆论的负面评价,并对公司产生了负面影响。对此,我感到十分愧疚,并借此机会向全体股东表示最深刻的歉意。这一段时间,我内心的沉重感是我这一生中前所未有的。地震之后,我有一半的时间在灾区,我近距离地感受到受灾同胞的伤痛,今天我无条件地道歉,对相关问题不做任何辩解。

我们以后会更多地吸取教训,以后万科会建立新闻发言人制度,避免因我个人言论引起股价波动,给股东造成不必要的损失。其次,我将对个人博客进行过滤,建立把关制度。这次除了在灾区,我也很关注万科的股价表现。今后,如果因为我的个人言论,导致万科走势弱于大势,弱于同行,我会立刻辞职。当然,更重要的是我自己要加强修养，更加注意自己的言行。

——万科2008年第一次临时股东大会王石发言

延伸阅读

"捐款门"不但令王石陷入困境，同时也给整个万科带来前所未有的考验。王石遭到众网友的炮轰，并被冠以"王十""王十元"的称号。

在这次事件中，受到冲击的并不仅仅是王石本人，万科股价更是受到很大的冲击。就在王石发表言论后，22.57元的万科股价，迎来了连续6个交易日的狂跌，到5月23日已经下滑到19.6元，公司市值无端蒸发了204亿元。然而这股冲击还远远没有结束，到9月11日，大盘个股出现普跌，尤其地产板块出现大幅下滑，万科A收跌6.25%，跌至人民币5.55元。从5月15日以来，万科A已经劲跌60%左右，低于同期地产板块跌幅和大市跌幅。

此时的王石身处水深火热之中，不仅网友们骂声一片，股民们对王石也是"恨之入骨"。9月12日，在股吧的万科A吧里，很多股民痛骂万科，甚至喊出"王石不辞职，万科不止跌"的口号。为了制止股价不断下滑的趋势，万科很快召开了临时股东大会。在这次股东大会上，王石不下10次对股东道歉，并且做出如果万科股市弱于大势就辞职的承诺，同时，王石还强调说要加强自我修养。

Business Develop

对企业管理者来说，良好的修养是成功管理的根本。每个管理者都应该自觉地进行自我素养的提高和自我人格的完善。不管是在中国，还是在外国，也不管过去、现在还是将来，良好的修养都是一个管理者事业成功的最重要因素。

那么，作为一个优秀的企业管理者应该注意哪些方面的修养呢？

1. 言行谨慎

这不但是领导者修养的关键环节，也是个人修养的重要方面。

管理者应该时刻注意自己的工作态度和行为举止，其言行体现着号召力和影响力，所以更不能有戏言。企业领导者每说一句话都要经过认真的思考，无论在工作中还是生活中都要约束自己，谨言慎行，不放纵，不浮泛。

同时，管理者要说一不二，"王命"不能轻易下达，一旦下达就需要有人不折不扣地执行，不可轻易变更。君子一言，驷马难追，"王者"发令，重于泰山。说到做到，是树立权威的妙法。

2. 努力培养高尚的人格情操

"人以品为重，官以德立身"。管理者的非权力影响力既体现于真理的力量，也体现于人格的力量。一个人在素质能力上有差距可以提高，但品质差距则很难弥补。人格品行不是建立在职位、权力基础之上的，而是在高尚的境界中产生的。管理者为人是否正直，为官是否正派，处事是否公道，是思想政治品德和能力的外在表现，也是塑造自我形象、树立非权力性影响的关键。

3. 具备宽阔的处事胸怀

宽阔的胸怀是产生向心力、凝聚力、感召力的人格力量，是管理者必备的素质。作为一个管理者，在处事时要具备坦诚相见的胸怀。对管理团队成员要胸怀坦荡，以诚待人，不怀疑、不嫉妒、不欺骗；对下级不虚伪、不偏私，做到言而有信，言行一致。在重大问题决策上，充分发扬民主，集中集体智慧，不搞独断专行。

4、树立严格的自律意识

一个管理者威信的高低，与权力的大小并无直接关联，而更多地取决于他在权力运用中表现出的品格优劣。管理者一定要严于律己，做好表率。严于律己是律人的前提，只有做好自我管理才能要求下属去做。

优秀的管理者应该严格要求自己，起到为人表率的作用，用实际行动来影响和带动身边的人一道努力工作。要做一个优秀的管理者，关键是通过非权力影响力促使员工主动进行自我约束。管理者要想获得非权力影响力，严于律己显然是最为重要的一条。

具有如此良好修养的管理者，会形成影响与改变他人心理与行为的能力，这对进一步提高管理者的管理效能是大有裨益的。

捐款一亿：
及时弥补，错误是可以被原谅的

有了错误及时弥补，是能够得到大家原谅的。

应该承认的是，万科在此次灾难中确实反应滞后。网上反应如此激烈，对万科也是一次鞭策。这次捐赠是比较大的一次，万科此次捐赠有综合考虑，作为上市公司，我们知道我们无权做出这个决定，但有些事情是必须要做的。

——万科2008年第一次临时股东大会王石发言

延伸阅读

在《毕竟，生命是第一位的》中，王石的中心意思是不要让慈善成为一种负担。而针对这个观点，很多网友对其进行放大，说王石在宣扬"慈善负担论"，王石代表着万科，此时的万科似乎也难逃"慈善负担论"的旋涡。对这起事件，王石有自己的想法，王石称，自己的原意是"不提倡攀比"，要理性面对捐款，不要让捐款成为自己的负担。但网友对这一解释并不买账，因为这样的言论"显然损伤了网友的赈灾热情"。

这起事件让王石尚佳的公众形象一落千丈。出现这样的结果并非不可理解的：当时全国各界正迸发此伏彼起的捐赠热潮，王石却在这样的时刻，提出这样的言论，无疑是不合时宜的。连王石自己在反思后也说那个特殊情况下自己的言论是"非常不适当的"。

王石的一篇博文不但令自己陷入困境，连整个万科也受此牵连陷入困境，致使万科股价一路狂跌。对此，万科自然想从舆论的旋涡中脱身，而要想达到这一目的，只有及时弥补错误，重塑万科形象。因此，万科决定依靠参与灾后恢复与重建工作。最终，万科公司董事会批准万科支出一亿元进行四川地震灾区的临时安置、灾后恢复与重建工作，并以绵竹市遵道镇为重点。同时，万科针对此事还发表了公告，宣称此次出资建设完全是公益性的，不涉及任何商业性开发，包括微利项目的开发。

事实证明，万科的这一决定是正确的，很快，万科股价开始回升。万科的这一做法大有亡羊补牢的味道，但正是这次"补牢"，让万科重新赢回些许的信任。

Business Develop

在企业运行的过程中，不管是企业还是其管理者个人，如果出现过错，最明智的做法就是站出来承认错误，而不是一味地推脱、掩饰，如此，才能重塑企业形象，让大家重新接受企业，否则，给企业带来的将是无法预知的灾难。

美国默克药厂被公认为一个非常成功的制药公司。默克药厂特别注重科研创新，因此成为医药企业界的优秀典范，这份功劳很大一部分是属于默克

CEO 雷蒙德·吉尔马丁的。吉尔马丁是默克公司的"空降"CEO，一直被商业评论家当作杰出 CEO 的典范，他不但积极配合管理团队和董事会，更极大地发扬创新精神，为默克的发展做出极大的贡献。在吉尔马丁任职期间，默克研发出了治疗关节炎的新药 Vioxx，此药在获得专利权后迅速占领美国市场，一度成为全球最畅销的药品之一。

然而，这种药在使用过程中被发现对心脏有副作用，经常有医疗机构的研究人员向公众和默克公司发出药品有副作用的警告，但是吉尔马丁并未予以重视。后来，媒体爆出有服药者死亡的事情。吉尔马丁依然沉默不语，并不出面应对。社会舆论越来越大，死者家属也联合起来起诉默克，最后惊动了美国国会。国会专门成立调查组来调查此事，直到此时，吉尔马丁才不得不出面。但他狡辩说，药都是有毒性的，更何况自己的太太也在服用这种药物，说明该药的副作用是控制在合理范围内的。

经国会调查发现，这种药确实有问题。万般无奈之下，吉尔马丁才开始道歉，然而他的道歉非常不诚恳。最后，小事变成了大事。一位生前服用过 Vioxx，死于心脏病的沃尔玛产品经理恩斯特的遗孀获得约 2.53 亿美元的赔偿。让默克公司害怕的是，类似的诉讼还有 4200 多起。一旦这个判决引发骨牌效应，默克的赔偿金额可能高达 180 亿美元。资本市场上，默克公司的股价直线狂跌，甚至影响了整个医疗卫生板块的股票，医药界人士把这看作 20 多年来行业最不幸的事情。吉尔马丁因此被美国《商业周刊》评为"年度最差经理人"的头一名。

此事足以警醒企业领导者在决策出现错误的时候勇于认错，须知亡羊补牢，犹未晚矣。深入一些探讨，其原因何在？

首先，领导者代表的不仅仅是自己，还包括整个企业。一旦领导者做了错事，受到损害的不仅仅是领导者自身，连企业的名誉也会受到影响。所以，领导者在做错事之后，必须勇于承认错误，并进行诚恳的道歉，以此来恢复自己的名誉，保住企业的形象。

其次，认错可以让团队重新焕发凝聚力。领导者做错了，所有的员工都会提出质疑，都会对领导者产生反感，此时大家难免离心离德，而领导者通过诚恳的道歉可以在一定程度上把大家重新凝聚起来。

再次，道歉可以修复对外关系。除了能够恢复个人荣誉，保住企业形象，恢复集体凝聚力外，诚恳的道歉对于外部关系的修复也有很大的促进作用。道歉可以缓解与利益受害方的紧张关系，有的时候甚至可以达到重塑关系的目的。

最后，勇于承认错误是一个人的美德，这种做法会让领导者拥有自我的和谐。很多企业管理者在做错事情之后进行狡辩，其实他们的内心对此也感到非常矛盾，内心备受煎熬，而承认错误是对这种心理压力的释放。